KB014885

명심보감

명역고전

개정판

명심보감

범립본 지음 · 김원중 옮김

Humanist

일러두기

1. 이 책은 범립본이 지은《명심보감》의 내용을 간략하게 추린(抄略), 일반에 널리 알려진 판본을 완역한 것이다. 원래 초략본 열아홉 편(이 책에서는 〈성심〉 편을 상하로 나눠 스무 편이 되었음) 외에 누군가 덧붙인 마지막 5장은 구별해서 봐야 한다. 원문에 충실한 직역 위주로 작업하면서 매우 제한된 범위에서 의역을 곁들였다.
2. 책의 구성은 전체 해제와 각 편의 해제, 각 편 본문으로 이루어졌다. 본문은 소제목과 번역문, 원문, 하단 각주 순으로 구성되었다. 또한 소제목을 달아 독자들이 쉽게 내용을 유추할 수 있게 했다.
3. 각 편의 첫머리에 붙인 해제는 본문에 나오는 주요한 사건·개념·문장을 통해 전체적인 그림을 그려본 것이다. 옮긴이의 독단과 감상을 경계했으며, 본문과의 중복을 피하기 위해 간소화했다.
4. 번역문에서 대괄호 안의 문구는 이해를 돕기 위해 옮긴이가 추가한 것이고, 소괄호 안의 내용은 해당 단어에 대한 간단한 설명이다.
5. 특별한 경우를 제외하고 여러 책을 비교해 서로 다른 점을 바로잡는 작업은 하지 않았지만, 중요한 구절에 한하여 판본 문제를 거론했다.
6. 찾아보기는 인명, 서명, 개념을 위주로 작성했다.

서문

《명심보감》은 '마음을 밝히는 보배로운 거울'이란 뜻으로, 중국의 경전과 사서史書, 제자백가, 문집 등에서 가려 뽑은 주옥같은 200여 단장斷章의 모음이다. 분량은 적지만 의미는 결코 작지 않은 이 책은 동양적 수양과 명상, 의미 있는 삶의 실천을 위한 금언으로 가득하다. 여기 나오는 평범한 생활의 진리는 모두 선현들이 자신의 삶 속에서 거듭 확인한 불변의 지혜들이다. 이처럼 빛나는 명언명구들은 오늘날 분주하게 살아온 우리의 생활을 돌아보고 소중한 삶의 가르침으로 새기기에 충분하다. 고갈된 우리의 정신을 적셔줄 샘물처럼 말이다. 자신의 삶이 어딘가 흐트러졌다고 느끼거나 마음을 추스르고 싶은 이들 혹은 절제가 필요하다고 여기는 사람들은 이 책을 꼭 읽어볼 것을 권한다. 가치가 뒤집히고 경박과 몰염치가 도를 넘은 오늘날엔 더욱 《명심보감》을 한 구절 한 구절 꼼꼼히 되짚어가며 읽어봐야 한다.

이번 작업 역시 그동안 학생들을 대상으로 10여 차례 강의해온 《명심보감》을 정리하는 차원에서 실행했다. 고전을 번역할 때마다 느끼는 바이지만, 옮긴이 또한 삶을 되돌아보는 계기가 되었다. 그동안 올바르게 살아왔는지, 학자이자 교육자이자 한 가정의 가장으로서 얼마나 성실하게 살아왔는지 한 장 한 장 번역할 때마다 스스로에게 되묻곤 했다.

그동안 번역했던 다른 고전들과 마찬가지로 이번 작업에도 일관된 원칙을 적용하여, 《명심보감》의 전편을 모두 번역하고 각 편에 간단한 해제와 소제목을 덧붙이고 간략한 해설 및 관련 인물·책에 관한 보충 설명을 곁들여 독자들의 이해를 돕고자 했다. 선현들의 주옥같은 말들을 얼마나 정확하고 명쾌하게 전달할 수 있을지 자신이 없었지만, 최대한 원의를 살리면서 자연스러운 우리말을 구사하는 데 애썼다.

여러 《명심보감》 번역본이 있음에도 불구하고 옮긴이의 책을 애독해 주시는 독자들의 성원에 힘입어 3년 만에 개정판을 준비하면서 다시 한번 원전과 번역문을 꼼꼼하게 살폈다. 그 과정에서 일부 해석의 오류와 한자의 오기도 바로잡았다. 번역의 정확성과 각주의 엄밀성에 초점을 맞추어 아주 소소한 것까지 살폈고, 오늘의 언어 환경에 맞춰 독자들의 눈높이에 맞도록 세심하게 신경을 썼다. 국민 필독서라고 해도 과언이 아닐 만큼 인간관계의 고전인 이 책을 통해 지친 심신을 추스르는 계기로 삼았으면 한다.

늘 그렇듯이 새벽에 시작되는 나의 고전 번역 작업은 자신을 한없는 정화淨化의 세계로 이끌기에 충분했다. 이번에는 작업의 풍격風格이 많이 달랐다. 자신을 들여다보게 만드는 보배로운 말씀을 하나하나 되새기다 보니 성찰의 풍요로움에 흠뻑 젖어들었기 때문이다.

선현의 글을 마주하는 청복淸福은 아무나 누리는 것이 아니다. 이해타산과 생존경쟁에 골몰하며 찌들 대로 찌든 우리네 생활의 굴레를 내던질 수 있는 용기와 생각의 전환이 뒤따라야 할 터다. 《명심보감》과 함께 인간 본성의 회복, 선한 삶의 추구, 가족의 중요성과 윤리의식의 함양, 자기 성찰, 안분과 지족, 학문의 길, 자식 교육법 등 우리가 고민하는 모든 문제에 대한 답을 찾아보기로 한 것이 이번 작업의 중요한 이유다.

2020년 9월

죽전의 선효재에서

김원중 적다

차 례

해제

《명심보감》은 지은이와 판본 문제가 복잡하게 얽힌 책 중의 하나이다. 국내에는 고려 말 예문관 대제학을 지낸 추적秋適이 엮은 것으로 알려진 이 책의 지은이는 중국 명나라 초기의 인물 범립본范立本이라는 것이 학계의 통설로 자리잡았으나 여전히 적지 않은 혼란거리가 되고 있는 점도 부인할 수 없다. 원말 명초의 인물인 범립본은 관직에 나아가지 않고 은둔하면서 후학을 양성하다가 1393년 혹은 1394년에 상·하 20편의 《명심보감》을 편찬한 것으로 알려져 있다. 그는 《명심보감》 외에도 가정을 다스리는 내용을 담은 《치가절요治家節要》를 지었다. 이 책은 여말 선초의 인물인 조치가 중국에 사신으로 갔다가 들여와 펴냈고 해당 판본이 현재 고려대학교 중앙도서관에 소장되어 있다. 《치가절요》에는 유가 계열의 글이 80퍼센트가 넘고 도가 계열의 글과 잡가의 글이 섞여 있어 《명심보감》과 편목이 유사하다. 또 《치가절요》 서序에 《명심보감》이 언급되는 것으로 보아 두 책은 일정한 연관이 있을 것으로 보인다.[1)]

범립본의 책은 명나라 때 널리 유통되고 읽혔는데 이는 중국에서 가장 이른 시기에 지어진 권선勸善과 계몽啓蒙의 책이기 때문이다. 명나라 말기인 1592년에는 천주교 신부인 후안 코보Juan Cobo가 스페인어로 번역할 정도로 인기가 높았다. 조선은 물론 일본과 베트남 등에도 전해져 청소년 교육과 인격 수양의 책으로 자리를 잡았다. 중국과 문화 교류가 활발하고 유가 전통이 강한 우리나라에서는 핵심 내용이 편집되어[2] 더욱 널리 유통되었으나 누군가에 의해 초략본 형태로 편집된 것과는 엄연히 다른 책임은 분명하다.

《명심보감》을 편별로 간단히 보면 다음과 같다. 선행을 권장한 〈계선繼善〉 편, 하늘의 섭리를 말한 〈천명天命〉 편, 천명에 순응하는 법을 말한 〈순명順命〉 편, 효도와 행실을 말한 〈효행孝行〉 편, 자신을 바로잡는 법을 말한 〈정기正己〉 편, 편안한 마음으로 분수를 지키라는 〈안분安分〉 편, 반성하면서 마음을 보존하라는 〈존심存心〉 편, 삼가는 품성을 말한 〈계성戒性〉 편, 배움에 힘쓰라는 〈근학勤學〉 편, 자식 교육을 다룬 〈훈자訓子〉 편, 인생사 전반에 걸쳐 성실하게 살아가는 지혜를 다룬 〈성심省心〉 편, 가르침의 기본을 말한 〈입교立敎〉 편, 정치 문제를 다룬 〈치정治政〉 편, 가정을 다스리는 법을 말

---

1) 서문은 "夫爲人在世, 生居中国, 禀三才之德, 爲萬物之靈, 感天地覆載, 日月照臨, 皇王水土, 父母生身, 聖賢垂教. …… 自然永息, 存於其心, 自然言行相顧, 貫串無疑, 所爲焉從差誤矣"라고 되어 있고 말미에 "洪武二十六年歲次癸酉二月既望武林, 後學范立本序"라고 적혀 있다.

한 〈치가治家〉 편, 의리의 중요성을 다룬 〈안의安義〉 편, 예의 문제를 다룬 〈준례遵禮〉 편, 신의를 다룬 〈존신存信〉 편, 말의 중요성을 다룬 〈언어言語〉 편, 친구와의 사귐을 다룬 〈교우交友〉 편, 부녀의 행실을 다룬 〈부행婦行〉 편 등 20편이다. 그런데 특기할 점은 〈존신〉 편은

---

2) 범립본의 책은 600항목 이상의 분량으로 자신이 직접 서문을 써서 그 말미에 "홍무洪武 26년 계유이월기망癸酉二月旣望에 무림후학범립본서武林後學范立本序"라고 명기했다. 홍무는 명나라 주원장의 연호이고 우리나라의 태조2년, 서기 1393년에 해당되며 음력 2월 16일이라고 구체적으로 날짜까지 명시함으로써 자신이 지은이임을 분명히 했다. 물론 서문의 그 어디에도 추적이란 이름이나 자신이 그 누군가의 판본에 의거해 정리했다는 식의 설명은 나오지 않는다는 점에서 추적의 책을 보충했다는 하나의 가설은 글자 그대로 가설에 불과하다고 보인다. 이 책은 명대 초기에 이미 대단히 유행하여 여러 차례 간행되었으며, 심지어 황제의 명에 의해 수정본도 여러 번 재간행했다는 설도 전해지고 있다. 덧붙이자면 중국에서 출간된《명심보감》에도 범립본이 저자라고 명시되어 있다는 점이다. 우리나라에 널리 알려진 담양판潭陽版《명심보감》초략본에 "가정경술삼월념후덕수이이자숙헌근서嘉靖庚戌三月念後德水李珥字叔獻謹序"라고 되어 있어 율곡 이이가 지은 것처럼 보이지만, 율곡은 이미 자신이 이 책을 입수하게 된 경위를 "아버지께서 영남에서 돌아오실 때《명심보감》한 권을 손수 가져오셨다"라고 그 서문의 첫머리에서 밝히고 있으니 율곡 생존 당시 이 책이 널리 유포되어 있음을 알려준다. 이우성 교수는 범립본의 서문이 실린 청주판《명심보감》을 학계에 최초로 소개했다. 2000년에 펴낸《한국고전의 재발견》에 실린 '청주판 명심보감'이란 글에서 이 교수는 다음과 같이 주장했다. "19세기 말엽에 와서 몇 가지 변화가 생기기 시작했다.《명심보감초抄》가 어느덧 '초'를 떼어버리고 버젓이《명심보감》으로 행세하기 시작한 것이다. (중략) 추적은 고려 충렬왕 시대의 명신名臣이다. 그러나《고려사》의 그의 본전이나 고려, 조선의 과거 문적 어디에도 추적이《명심보감》을 만들었다는 기록은 없다. 그런데 그 근거란 1860년대 대구 지방에 살던 추씨秋氏 분들의 세전世傳, 진장珍藏 중에서 그 세보世寶 가승家乘과 함께《명심보감》이 발견되었다는 것이다. 그로부터 대구의 추씨들은《명심보감》을 그 조상인 노당 선생의 편저라고 주장하였는데 목판본으로 된 이 판본을 편집 발간하였다. 이것이 인흥재사본仁興齋舍本이다." 이 책에서 옮긴이는 이우성 교수의 학설을 따랐음을 밝혀둔다.

원래는 있었던 것이나 우리나라에 통용되는 판본에는 그 어디에도 존재하지 않는다.

제목에서 쉽게 드러나듯 이 책은 계몽 성격이 강한 훈계용 학습서로, 한문을 처음 배우는 초학도들이 《천자문》을 마친 다음 교양을 쌓으려고 읽었다. 그런데 후대의 누군가가 편집한 《명심보감》은 초략본抄略本으로, 범립본이 지은 원본의 절반도 안 되는 분량이었다. 범립본의 《명심보감》은 우리나라에 전해지면서 주객이 전도되어 객이 주인의 자리를 차지한 격이었다.

여기에 더해 우리나라에서는 초략본에 내용이 따로 추가된 증보판이 더욱 존재 가치를 발휘했다. 즉 본래 20편이던 내용이 대폭 간추려지고 〈존신〉 1편이 줄어 19편의 초략본 형태로 읽히기 시작했던 것이다.[3] 후대에 초략본을 증보한 이는 중국의 문헌이나 작가들의 작품에서 일부를 끌어와 넣고 우리나라 이야기를 추가하여 오늘날 널리 읽히는 24편 분량의 《명심보감》을 만들어냈다. 즉 〈증보增補〉 편, 〈팔반가八反歌〉 편,[4] 〈효행孝行 속續〉 편, 〈염의廉義〉 편, 〈권학勸學〉 편의 5편이 보강되었다. 이 번역본은 25편으로 구성되어 있는데, 〈성심〉 편을 상하 두 편으로 나눈 기존의 관례를 따랐기 때문이다.

《명심보감》에는 공자와 맹자 등 유가 인물들의 어록이 상당히 많지만, 장자莊子·열자列子·현제玄帝·동악성제東嶽聖帝 등 도가 계열 인물들의 어록도 적지 않으며, 소열제昭烈帝 유비劉備·당唐 태종太宗·송

宋 휘종徽宗 등의 제왕들, 태공太公이나 마원馬援·사마온공司馬溫公(사마광)·소강절邵康節(소옹) 같은 인물들, 도연명과 소동파 같은 문인들, 주돈이周敦頤·주희朱熹를 위시한 성리학자들의 금언과 격언 들이 두루 실려 있다. 그리고 저본에 해당하는 중국의 고전들은《시

---

3) 국내에 소개된《명심보감》을 살펴보면 이렇다. 일제강점기인 1917년에 경성京城(서울)의 박문서관에서《현토명심보감懸吐明心寶鑑》이란 제목의 목판본을 펴냈는데 지은이를 추적이라고 밝혔다. 4년 전인 1913년에도《명심보감초明心寶鑑抄》라는 제목을 붙이고 추적 편이라고 하여 신구서림에서 출간한 바 있다. 목판본으로 수원 삼성서림에서 추적 편이라고 명기하여《현토명심보감懸吐明心寶鑑》(이상훈 역)을 발간했다. 이것이 우리말로 번역된 최초의《명심보감》으로 추정되는데, 여기서도 추적을 저자가 아닌 편자로 밝혔음을 보면 원저자가 따로 있음을 전제한 듯하다. 몇 가지 사례만 더 들어보면, 1994년 최준하가 역해한 청아출판사 본은 저자명을 범립본으로 하고, 추적이 간추려 엮었다는 점을 밝혀놓았으며, 2003년 임동석이 번역한《초간본 명심보감》(전2권, 건국대출판부)은 청주판을 번역한 것이라고 밝혀두었다. 이 책을 다시 2010년에 저자를 범립본이라고 밝혀 동서문화사에서 수정 출간하였다. 그러나 현암사에서 발행한《명심보감》(1996)이나 범우문고의《한글 명심보감》(1995, 장기근 역)도 원저자를 명기하지 않았다. 전통문화연구회 본(2010)의 경우,《현토완역명심보감》(증보판)이라 하고 저자는 명기하지 않고 그저 성백효 편역이라고만 적어두었다. 육문사 본(1990) 역시 박일봉 역이라고 했을 뿐 원저자의 이름을 명기하지 않았다. 홍익출판사 본(2005)은 추적을 엮은이로 명기하고 있다. 이처럼 원저자의 이름을 명기하지 않거나 심지어 전혀 기록하지 않고 옮긴이를 지은이라고 하는 등 동일한 책인데도 서지사항이 중구난방이다. 하지만《명심보감》의 원저자가 범립본임은 부인하기 어려운 사실이며, 이 책이 한국뿐 아니라 일본에도 전해졌는데, 우리나라에서는 3분의 1 정도의 초략본 형태로 많이 읽혔으나 일본에서는 원전 그대로 읽혀졌다는 것이 현재 학계의 일반적인 설이다. 추적이 지은 것을 범립본이 다시 증보하여 지었다는 설 등 다양한 논의가 존재하지만 범립본의 저자 서문을 대체할 만한 그 어떤 문헌도 현재까지는 발견되지 않았다는 점을 적시하면서 필자는 '범립본 지음'이라고 표기하고자 한다.

4) 이〈팔반가〉는《녹계궁지綠桂宮誌》에 있던 내용을 실은 것이다.

경詩經》, 《경행록景行錄》, 《설원說苑》, 《익지서益智書》, 《성리서性理書》 등 다양하다.

다양한 고전과 널리 알려진 인물들의 언행을 중심으로 엮었기에 많은 세월을 건너뛰어 빛을 발하는 주옥같은 문장을 접할 수 있는 통로를 열어준다는 점이 《명심보감》의 미덕이다. 유가의 사유가 주축이지만 도가와 잡가의 가르침도 함께 들어 있어 제가백가의 서로 다른 사고의 편린을 엿보며 융합적 사고를 기르는 데도 도움이 된다.

우리는 태어나면서 숱한 인간관계를 맺게 되는데 이를 규정하는 것이 삼강오륜三綱五倫으로 대변되는 동양의 가치관이다. 이는 기본적으로 가정과 사회의 질서를 바탕으로 하고 있으며, 이런 질서는 개인과 개인 사이에서는 예절로 나타나고, 사회에서는 선善을 추구하고 과도함을 경계하는 세계관으로 나타난다. 모든 고전이 그렇듯이 《명심보감》 역시 오늘의 현실에 걸맞지 않은 대목도 있어서 혹자는 시대착오적이지 않느냐고 비판하기도 한다. 봉건사회의 윤리도덕과 가부장적 사회질서를 유지하는 데 긴요한 내용들이라 시의적절하지 않거나 꼭 들어맞지 않는 부분도 드물지 않다. 이런 시대적 차이를 염두에 두고 보면 《명심보감》의 가르침은 세상을 좀 더 너그러운 태도로 바라보는 소중한 삶의 지혜가 될 수 있다.

제1편

계선繼善

착함을 잇는다

'계선'은 사람은 착한 본성을 타고난다는 맹자의 '성선설'을 전제로 한 개념인데, 사람은 선한 본성을 타고나기 때문에 교육을 통해 악을 멀리하고 착한 성품을 계속 지켜가자는 뜻이 담겨 있다고 볼 수 있다.

착함을 잇는다는 것은 바로 동양적 사유 구조의 한 축이 '선善'을 둘러싸고 제기되는 문제임을 의미한다. 하늘은 사람의 행위를 보고 재앙과 복을 내린다는 생각은 동양인의 마음에 뿌리박힌 거대한 관념 체계이다. 선을 행하는 사람은 도와주는 사람이 많으니 번영과 행복을 누릴 수 있다. 물론 악한 사람은 그 반대다. 선악善惡의 기본 틀을 착하고 악하다는 이분법보다는 개념의 문제로 보고 접근해야 한다.

'착한 일을 하는 사람은 봄 동산의 풀처럼 보이지 않게 나날이 더하는 바가 있고, 악을 행하는 사람은 칼을 가는 숫돌과 같아서 보이지 않게 나날이 줄어드는 것과 같다'는 동악성제의 교훈은 내면의 거울로 삼을 만하고, '은혜와 의리를 널리 베풀어라. 인생의 어느 길목에서든지 서로 만나지 않으랴? 원수와 원한을 맺지 말라. 길이 좁은 데서 마주치면 회피하기 어려우니라'라는 《경행록》의 가르침은 한세상 살아가면서 자신을 온전히 지키는 처세의 말씀으로 새겨둘 만하다.

이처럼 주로 선악에 관한 글귀들이 수록돼 있는 이 〈계선〉 편은 긴 안목으로 인생과 세상을 바라보고 인과응보의 법칙을 믿어야 한다는 점 또한 강조하고 있다.

1. 자업자득

공자가 말했다.

"착한 일을 하는 사람에게는 하늘이 그에게 복으로 갚아주고 착하지 않은 일을 하는 사람에게는 하늘이 그에게 재앙으로 갚아준다."

子曰: "爲善者, 天報之以福, 爲不善者, 天報之以禍."[1)]

2. 선악은 크기의 문제가 아니다

한나라의 소열제가 임종하려 할 때 후주[2)]에게 조칙을 내려서 말했다.

"착한 일이 작다고 해서 아니하지 말고, 악한 일이 작다고 해도 그것을 하지 말라."[3)]

漢昭烈, 將終, 勅後主曰: "勿以善小而不爲, 勿以惡小而爲之."

---

1) 《공자가어》〈재위在危〉 편에 있는 글로서 《논어論語》에는 보이지 않는다. 공자는 '선善'을 '미美'와 함께 거론하는 경우가 많았다. "공자께서 〈소韶〉(순임금 때의 악곡 이름)를 일러 말씀하셨다. '지극히 아름답고, 또 지극히 선하구나'〔子謂韶: '盡美矣, 又盡善也'〕."(《논어》〈팔일八佾〉) 여기서 '미'는 아마도 소리 자체를, '선'은 내용을 가리키는 말일 것이다. 좀 더 설명하자면, 순임금이 천자 자리를 요임금에게 물려주었으므로 더할 나위 없이 훌륭하다고 한 것이다.

2) 후주後主는 선주先主 소열제昭烈帝 유비劉備의 아들 유선劉禪을 말한다. 어리석은 군주처럼 보이지만 제갈량이 죽고 나서도 30여 년간이나 촉을 잘 다스린 군주였다. 이 내용은 《삼국지》〈촉서·선주전先主傳〉에 나오는데 아둔한 자신의 아들을 두고 유비가 당부한 말이다. 자신의 죽음을 앞두고 제갈량에게 모든 것을 맡긴 후에도 이처럼 사소한 듯하나 중요한 문제를 염두에 두고 있었다. 유비는 죽는 순간까지 아들이 미덥지 않아, 제갈량에게 정 마음에 들지 않으면 아들 대신 제위에 오르라고 말할 정도였다.

3. 단 하루일지라도

장자가 말했다.

"하루라도 착한 것을 생각하지 않으면 모든 악한 것이 다 저절로 일어난다."

莊子曰: "一日不念善, 諸惡自皆起."[4)]

4. 목마르고 귀먹은 것처럼

태공(강태공)[5)]이 말했다.

"착한 일을 보면 마치 목마른 것처럼 하고, 악한 것을 들으면 마치 귀먹은 것처럼 하라."[6)]

또 말했다.

"착한 일이란 모름지기 탐내야 하며, 악한 일은 즐겨 하지 말라."

太公曰: "見善如渴, 聞惡如聾." 又曰: "善事須貪, 惡事莫樂."

---

3) 옳다고 생각되면 과감하게 실천하고, 그릇된 일이라고 생각되면 아무리 사소한 일이라도 행하지 말아야 한다. 선행과 악행의 판단 근거는 작고 큼이 아니라 행위 자체임을 명심하라는 말이다.

4) 《장자》에는 이 구절이 보이지 않는다. 장자는 노자의 무위자연 사상을 발전시킨 도가의 핵심 인물로 그의 말은 《명심보감》에 들어 있지 않다. 따라서 '장자왈莊子曰'이라는 말에 따라 나오는 글들은 대부분 《장자》에는 보이지 않는 것들이다.

5) 태공 여상呂尙은 궁핍한 생활을 하며 강호를 전전하다가 나이 70세가 넘어 주나라 서백西伯(주나라 문왕 희창姬昌)의 스승이 되었고 다시 문왕의 아들 무왕을 도와 은나라 주왕을 멸망시켜 주나라를 세운 공으로 제나라 제후가 된 전설적 인물이다.

6) 선악에 대한 판단 여부를 떠나 직감에 따라 즉각 반응하라는 말이다. 숨어 사는 은자의 전형인 강태공이 선악에 대해 보인 태도는 이렇듯 단호했다.

5. 선행의 종착지

마원[7]이 말했다.

"죽을 때까지 착한 일을 행해도 착한 것은 오히려 부족하고, 하루만 악한 일을 행해도 악한 것은 저절로 남음이 있다."[8]

馬援曰: "終身行善, 善猶不足, 一日行惡, 惡自有餘."

7) 《후한서》〈마원전馬援傳〉에 의하면, 전한前漢 말, 부풍군扶風郡 사람으로, 글공부를 했고 무예에도 뛰어나 훗날 나라를 위해 크게 쓰일 그릇이었다. 처음에는 신新나라의 왕망王莽을 섬겼는데, 그가 죽은 뒤에 후한의 광무제에게 귀의하여 복파장군伏波將軍이 되었다. 그와 관련된 이야기 하나를 소개한다. 그는 뛰어난 재능에도 불구하고 소나 말을 기르며 살아가고 있었다. 마원은 장성하여 군수를 보좌하면서 그 현을 감찰하는 독우督郵가 됐다. 그때 죄수를 호송하는 일을 맡게 됐는데, 이런저런 하소연을 하는 죄수들에게 동정심을 느껴 그들을 풀어주고 북쪽으로 도망을 쳤다. 그는 친구들과 담소하면서 이렇게 말했다. "대장부가 뜻을 세우면 곤궁해도 더욱 굳세어야 하며, 늙어도 더욱 씩씩해야 한다(丈夫爲志, 窮當益堅, 老當益壯)." 세상이 혼란스러워지자, 마원은 평범한 삶을 버리고 농서隴西의 외효隗囂 밑으로 들어가 대장이 됐다. 외효는 공손술公孫述과 손을 잡기 위해 마원을 그곳으로 파견했다. 마원과 공손술은 고향 친구였다. 당시 스스로 황제라 일컫던 공손술은 마원이 찾아왔다는 전갈을 받자 천자의 의관에 수레를 타고 으스대며 나타났다. 마원은 공손술의 변한 모습에 크게 실망하고 의례적인 인사만을 하고는 곧장 돌아왔다. 그러고는 외효에게 말했다. "공손술은 우물 안 개구리처럼 우물 안에서 분수를 모르고 떠벌리기만 좋아하는 사람입니다." 그후에 마원은 광무제를 알현하게 됐다. 광무제는 마원을 만나자 성심성의껏 대접하고, 각 부서를 데리고 다니며 조언할 것이 있는지 물었다. 마원은 이런 후한 대접에 감동해 외효에게 돌아가지 않고 광무제의 휘하에 있기로 결심했다. 마원은 복파장군이 되어 남방의 교지交趾를 평정했다. 얼마 뒤에 동정호 일대의 만족이 반란을 일으키자, 광무제가 군대를 파견했지만 전멸하고 말았다. 이 소식을 들은 마원이 자신에게 군대를 달라고 청하니 광무제가 나이가 너무 많아 원정에 무리가 있다고 하자, 나이 62세인데도 스스로 말안장을 얹고 '노익장'을 과시했다. 광무제는 웃으면서 허락했고, 마원은 결국 원정길에 올랐다.

8) 착한 일과 악한 일을 계량하여 논하는 것 자체가 우습다는 말이다. 이 두 가지는 바라보는 사람의 입장에 따라 다르기 때문이다.

6. 자손에게 남겨야 할 것

사마온공[9]이 말했다.

"금을 쌓아두어 자손에게 남겨준다 해도 자손이 반드시 다 지킬 수는 없고, 책을 모아 자손에게 남겨준다 해도 자손이 반드시 다 읽을 수는 없으니,[10] 남모르는 덕을 아무도 모르는 가운데 쌓아서[11] 자손을 위한 계획으로 삼는 것만 같지 못하다."

司馬溫公曰: "積金以遺子孫, 未必子孫能盡守. 積書以遺子孫, 未必子孫能盡讀, 不如積陰德於冥冥之中, 以爲子孫之計也."

7. 베풀어라

《경행록》[12]에서 말했다.

"은혜와 의리를 널리 베풀어라.

인생의 어느 길목에서든 서로 만나지 않으랴?

---

9) 북송北宋의 학자이자 정치가로서 성은 사마司馬이고 이름은 광光이며 자는 군실君實이다. 호는 우부迂夫이고 시호가 문정文正이며 온국공溫國公에 봉해졌기에 흔히 온공이라고도 한다. 그는 송宋나라 인종 때 과거제도를 더욱 활성화하고 인재 중심의 문치 정책을 취하였으며 구양수歐陽脩와 더불어 보수파의 핵심 인물로 유명하다. 사상적으로는 주돈이周敦頤, 정호程顥, 정이程頤 등과 같은 입장을 취했다.

10) 선을 쌓아둔 집에 반드시 경사가 남음이 있다〔積善之家 必有餘慶〕는 말이 있듯이 자식들에게 물려주어야 할 것은 겉으로 보이는 물질이 아니라 정신적인 유산이다.

11) 이 구절은《채근담》110장의 "영예로운 명성을 쌓는 것은 눈에 띄지 않는 덕을 심는 것만 같지 못하다〔立榮名, 不如種隱德.〕"라는 문장과 비교해서 읽어볼 만하다. 눈에 확 띄는 화려한 명성보다 음덕이 더 소중함을 사람들은 알지 못한다.

12) 송宋나라 때 만들어진 책이라 하나 현재 전하지 않는다.

원수와 원한을 맺지 말라.

길이 좁은 곳에서 마주치면 회피하기 어려우니라."[13]

景行錄曰: "恩義廣施. 人生何處不相逢, 讐怨莫結, 路逢狹處, 難回避."

8. 착하게 하든 악하게 하든

장자가 말했다.

"나에게 착한 일을 하는 자에게 나 또한 그를 착하게 대하고, 나에게 악한 일을 하는 자일지라도 나는 또한 그를 착하게 대할 것이다.[14]

내가 이미 다른 사람에게 악하게 하지 않았으면, 다른 사람도 나에게 악하게 함이 없을 것이다."

莊子曰: "於我善者, 我亦善之, 於我惡者, 我亦善之. 我旣於人無惡, 人能於我無惡哉."[15]

---

13) "열 명의 친구를 맺기보다 단 한 명의 원수를 맺지 말라"는 말을 되새겨보자.

14) 보원이덕報怨以德이란 말을 떠오르게 한다. 《도덕경》 63장에 이런 말이 있다. "인위적인 것을 하지 않고 일 없음에 종사해야 하며, 맛없는 경지에서 맛보아야 한다. 큰 것은 작은 것에서 생기고 많은 것은 적은 것에서 일어난다. 원한을 덕으로 갚는다(報怨以德). 어려운 일은 쉬운 일에서 계획되고, 큰일은 사소한 일에서 시작되므로 천하의 모든 어려운 일은 반드시 쉬운 일에서 생겨난다. 천하의 모든 큰일은 반드시 사소한 일에서 생겨나므로 성인은 끝까지 크게 되려고 하지 않아도 크게 될 수 있다. 대개 가볍게 승낙하는 것은 믿기 어려울 수밖에 없고, 너무 쉬운 일은 반드시 어려움을 만난다. 이 때문에 성인은 도리어 쉬운 것을 어렵게 여기므로 마침내 어려운 것이 없게 된다." 이렇듯 노자는 천하의 모든 일은 처음부터 크고 어려운 게 아니라 작고 쉬운 데서 시작된다고 보았다.

15) 이 문장 역시 《장자》에 보이지 않는데, 나에게 잘하는 사람에게도 잘하고 나에게 못하는 사람에게도 잘 대해주어야 한다는 뜻이다.

9. 가랑비에 옷 젖듯이

동악성제[16]가 훈계를 내려 말했다.

“하루 동안 착한 일을 하면 복이 이르지는 않을지라도 재앙은 저절로 멀어질 것이다.

하루 동안 악한 일을 하면 재앙이 이르지는 않을지라도 복은 저절로 멀어질 것이다.

착한 일을 행하는 사람은 봄 동산의 풀과 같아서 그 자라나는 것은 보이지 않으나 나날이 더하는 바가 있고,

악을 행하는 사람은 칼을 가는 숫돌과 같아서 닳아 없어지는 것이 보이지 않더라도 나날이 줄어드는 것과 같다.”

東嶽聖帝垂訓曰: “一日行善, 福雖未至, 禍自遠矣. 一日行惡, 禍雖未至, 福自遠矣. 行善之人, 如春園之草, 不見其長, 日有所增, 行惡之人, 如磨刀之石, 不見其損, 日有所虧.”

10. 끓는 물을 만지듯이

공자가 말했다.

“선한 것을 보거든 미치지 못하는 것과 같이 하고, 선하지 못한 것을 보거든 끓는 물을 만지는 것과 같이 하라.”[17]

子曰: “見善如不及, 見不善如探湯.”

---

16) 도교의 산신령으로 전해지는데 태산부군泰山府君이라고도 한다. 태산부군이란 죽은 이후의 세계를 지배하는 자다.

17) 선행을 겸허히 대하고 악행을 경계하라는 말이다.

제2편

천명天命

하늘의 명

천명天命이란 사물에 드러나는 자연스런 이치 혹은 하늘이 부여한 사명으로, 즉 하늘이 내린 명이다. 공자는 "천명을 알지 못하면 군자가 될 수 없다(不知命, 無以爲君子也)."(《논어》〈요왈堯曰〉 20.3)라고 말했다. 인간의 행위에 자연의 이법理法과 법칙은 속속들이 스며든다는 점을 강조한다. 이 편은 〈계선〉 편의 선악善惡에 관한 글귀에 이어 하늘을 권선징악의 주관자로서 부각시킨다. 즉 선善한 자를 보호하고 악惡한 자를 응징하는 절대자의 위치에서 인간의 윤리를 관장하고 선을 지키며 악을 버리는 것이 바로 하늘의 명령이라 말한다.

본문에 인용한 《익지서》에는 다음과 같이 적혀 있다. "악의 두레박이 가득 차 있으면 하늘이 반드시 그를 주살할 것이다." 악인이 권세와 부를 누리며 선한 자들을 핍박하여 세상에 죄악이 만연한 듯해도 '악의 두레박'이 가득 찬 순간, 하늘은 철퇴를 내리고야 만다는 사상은 어두운 시대를 살아가는 사람들에게 한 가닥 희망을 준다. 천명이란 그 누구도 거스르거나 막아낼 수 없기 때문이다.

《맹자孟子》〈만장萬章 상上〉 편에 다음과 같은 글이 보인다. "아무도 하려 하지 않아도 하게 되는 것이 하늘이요, 아무도 이루려 하지 않아도 이루어지는 것은 천명이다(莫之爲而爲者, 天也, 莫之致而至者, 命也)." 현명한 자는 천시天時에 따르고 인정에 순응하는데, 이 역시 좀 더 여유롭게 살기 위해서다. 사마천의 《사기》〈항우본기〉에서 알 수 있듯이 항우가 끝내 깨닫지 못한 것은 하늘의 섭리였다. 항우는 죽을 때 "하늘이 나를 망하게 했구나(天亡我)"라고 말했다. 물론 항우가 자신의 허물이 아닌 하늘의 탓으로 돌린 것은 어찌 보면 천명의 힘이 그만큼 크다는 뜻임을 나타내려고 한 것이다.

1. 섭리를 따르라

맹자가 말했다.

"하늘을 따르는 자는 살고, 하늘을 거스르는 자는 망한다."[1)]

孟子曰: "順天者存, 逆天者亡."

2. 하늘의 들으심

강절康節[2)] 소 선생이 말했다.

"하늘의 들음은 고요하여 소리도 없고, 푸르고 푸른데 어느 곳에서 찾을 것인가. 높지도 않고 또 멀지도 않으니, 모두가 사람의 마음속에만 있구나."[3)]

康節邵先生曰: "天聽寂無音, 蒼蒼何處尋. 非高亦非遠, 都只在人心."

---

1) 천명天命에 순종하는 사람은 제대로 살아남겠지만, 그렇지 않으면 이 세상에서 존재의 근거를 잃는다는 말이다. 천명에 의해 귀결되는 바가 분명하다는 이 구절의 출전은 《맹자》〈이루離婁 상上〉 편으로 그 내용을 소개하면 다음과 같다. "천하에 도가 있으면 작은 덕이 큰 덕에게 부림을 당하고, 작은 현명함이 큰 현명함에 부림을 당하지만, 천하에 도가 없으면 작은 자가 큰 자에게 부림을 당하고, 약자가 강자에게 부림을 당한다. 이 두 가지는 하늘의 이치이니 하늘을 따르는 자는 살고 하늘을 거스르는 자는 망한다[天下有道, 小德役大德, 小賢役大賢; 天下無道, 小役大, 弱役強. 斯二者, 天也. 順天者存, 逆天者亡]."

2) 송나라 때의 사상가로 소강절(1011~1077)이라고도 한다. 이름은 옹雍이고 자는 요부堯夫, 시호가 강절이다. 그는 도가의 학문과 수리학에 두루 통하여 우주 자연의 원리에 밝았다.

3) 이 시는 소강절의 문집《격양집擊壤集》 권12에 실린 〈천청음天聽吟〉이다. 하늘의 들음이라는 말이 의미하듯 내용이 대단히 심오하고 철학적이다. 이 시에서 소강절이 말하고자 하는 바는 자연의 이치를 그저 음미하면 될 뿐으로 애써 들으려 하고 보려 해서는 안 된다는 것이다. 우리의 배움도 마찬가지고 삶의 이치 역시 이런 원칙에서 크게 벗어나지 않는다.

3. 늘 삼가라

현제[4]가 가르침을 내려 말했다.

"사람들 사이의 사사로운 말도 하늘이 듣는 것은 우레와 같으며 어두운 방 안에서 마음을 속일지라도 신의 눈은 번개와 같다."[5]

玄帝垂訓曰: "人間私語, 天聽若雷, 暗室欺心, 神目如電."

---

4) 도가의 창시자인 노자로 추측되니, 당나라 고종高宗 건봉乾封 원년(666)에 노자를 태상현원황제太上玄元皇帝로 추존한 데서 이런 칭호가 붙여진 것으로 보인다.

5) 이 구절은 《중용》 제1장의 "군자는 보이지 않는 곳에서 경계하고 삼가며, 들리지 않는 곳에서 두려워하고 두려워하느니라(君子戒愼乎其所不睹, 恐懼乎其所不聞)"라는 구절과 함께 읽어보면 의미가 더 잘 드러난다. 보이고(睹) 들리는 것은(聞) '남의 문제'이다. 남이 나를 보고, 나에 대해 하는 말이 내 귀에 들린다. 그래서 보이지 않는 데서 경계하고 삼가며, 들리지 않는 곳에서 두려워하는 것이다. 이 문장 바로 다음에 나오는 "숨어 있는 것보다 드러나는 것은 없으며, 없는 것보다 드러나는 것이 없으니, 그러므로 군자는 홀로됨을 삼가는 것이다(莫見乎隱, 莫顯乎微, 故君子愼其獨也)"라는 문장의 의미를 되새길 필요가 있다.
'천지신지아지자지天知神知我知子知'란 말이 있다. 하늘이 알고 귀신이 알며 내가 알고 그대가 안다는 뜻으로, 온 세상 모든 사람이 아는 공공연한 비밀이라는 말이다. 후한後漢 때 양진楊震이란 인물이 있었다. 학문을 좋아하고 인품이 훌륭할 뿐만 아니라 일처리가 분명했다. 그래서 세상 사람들은 그를 관서關西의 공자孔子라고 칭송해 마지않았다. 한번은 그가 창읍昌邑이라는 곳에서 하룻밤을 묵어야 할 처지가 되었다. 그곳의 현령은 왕밀王密이었는데, 양진의 천거에 의해 벼슬을 한 인물이었다. 말하자면 왕밀에게 양진은 은인이나 다를 바 없었다. 왕밀은 밤이 깊어지자, 황금 한 꾸러미를 몰래 숨겨서 양진의 숙소를 찾아가 내밀었다. 이를 보고 나서 양진은 화를 버럭 내며 당장 가져가라고 호통을 쳤다. 그러자 왕밀은 이렇게 말했다. "한밤중이라 아무도 알지 못할 것입니다." 이 말에 양진은 더욱 화를 내며 이렇게 꾸짖었다. "하늘이 알고 귀신이 알고 내가 알고 그대가 아는데 어찌하여 알지 못한다고 말하는가?" 이 말에 왕밀은 슬그머니 황금 꾸러미를 가지고 사라졌다.

4. 악의 두레박

《익지서》[6]에서 이른다.

"악의 두레박이 가득 차 있으면 하늘이 반드시 그를 주살할 것이다."[7]

益智書云: "惡鑵若滿, 天必誅之."

5. 악행을 한다면

장자가 말했다.

"만일 사람이 선하지 못한 일을 해서 이름을 떨친다면 다른 사람이 비록 해치지 않더라도 하늘이 반드시 그를 죽일 것이다."

莊子曰: "若人作不善, 得顯名者, 人雖不害, 天必戮之."

6. 하늘이라는 그물망

오이를 심으면 오이를 얻고 콩을 심으면 콩을 얻는다. 하늘의 그물은 넓고 넓어 성기지만 새지는 않는다.[8]

種瓜得瓜, 種豆得豆, 天網恢恢, 疏而不漏.

---

6) 송宋나라 때 지어진 책으로 유익한 내용이 많이 담겨 있다.

7) 대자연의 순리를 거스르지 말라는 말이다. 자연의 질서를 따르면서 원만한 인간관계를 맺는 일이 얼마나 중요한지를 다시금 강조하고 있다.

7. 죄를 지으면

공자가 말했다.

"하늘에 죄를 지으면 빌 곳이 없다."[9)]

子曰: "獲罪於天, 無所禱也."

8) 성철 스님의 법어집《자기를 바로 봅시다》라는 책의 한 부분을 읽어보자. "자기를 바로 봅시다. 만사가 인과因果의 법칙을 벗어나는 일은 하나도 없어 무슨 결과든지 그 원인에 정비례한다. 콩 심은 데 콩 나고 팥 심은 데 팥 나는 것이 우주의 원칙이다. 콩 심은 데 팥 나고 팥 심은 데 콩 나는 법 없나니 나의 모든 결과는 모두 나의 노력 여하에 따라 결과를 맺는다. 가지 씨를 뿌려놓고 인삼을 캐려고 달려드는 사람이 있다면 이는 미친 사람일 것이다. 인삼을 캐려면 반드시 인삼 씨를 심어야 한다. 불법佛法도 그와 마찬가지로 천만사가 다 인과법을 떠나서는 될 수 없다. 세상의 허망한 영화에 시달리지 않고 오로지 불멸의 길을 닦는 사람만이 영원에 들어갈 수 있다."

9) 공자가 왕손가王孫賈라는 자의 "안방 신〔奧〕에게 아첨하느니 차라리 부뚜막 신〔竈〕에게 아첨하는 것이 더 낫다는 말은 무슨 뜻입니까〔與其媚於奧, 寧媚於竈, 何謂也〕?"(《논어》〈팔일〉)라는 물음에 한 대답이다. 높은 관리를 찾는 것보다 담당자를 찾는 편이 더 낫다는 뜻이다. 부연하면 고대에는 창문〔戶〕, 부엌〔竈〕, 문門, 길〔行〕, 중류中霤(집의 신) 등의 오사五祀에 제사를 지냈다. 이들 제사에서는 모두 오奧의 자리에서 사자의 신령을 맞이했다. 오奧는 집의 안방 신으로 부엌 신인 조竈보다 높았지만, 사람과 직접 맺는 관계는 조신에 못 미쳤다. 왕손가는 위나라 권신의 한 사람이었으므로 이런 속담으로 공자를 압박해 자신에게 좀 잘 보이라고 옆구리를 찌른 것이다. 이를 눈치챈 공자는 왕손가의 생각이 근본적으로 맞지 않다고 보았으며, 만약 사람이 정말로 하늘에 죄를 짓는다면 아무리 기도해도 소용없다는 신념을 보여주었다. 공자의 이 말은 하늘이야말로 절대적인 심판자라는 뜻이다.

제3편

순명順命

천명에 순응하라

'명命'은 운명運命 혹은 천명天命과 같은 뜻으로 순명順命은 운명에 순응해야 한다는 말이다. 천명이란 〈천명〉 편에서 이미 밝혔듯이 사물에 드러나는 자연스러운 이치 혹은 하늘이 부여한 사명이다. 천명을 안다는 것은 자기의 역량이 어느 정도이며 무엇을 할 운명을 타고났는지 등을 아는 것이다. 예부터 동양에서는 천명과 운명을 매우 중시하여 이를 벗어나려 해도 벗어날 수 없음을 강조해왔다.

이 〈순명〉 편의 내용은 인간이 스스로 자신의 운명을 개척할 수는 없고 다만 순순히 운명을 받아들여야 한다고 가르치는 것처럼 보인다. 하지만 중요한 것은, 하늘과 자연의 이치를 거스르지 말고, 무모한 계획을 세우기보다는 적당히 분수를 지키며 살아가라는 가르침이다. 오늘날의 세태에는 어울리지 않는 퇴행적인 가르침이 아닌가 싶기도 하지만, 지나친 탐욕과 경쟁으로 자신은 물론이고 공동체, 더 나아가 자연환경까지도 되돌릴 수 없을 정도로 파괴하고 있는 인류에게 주는 서늘한 경고의 메시지로 읽어야 한다. 무엇이든 지나치면 반발과 부작용을 불러오기 마련이다.

1. 부귀재천

자하가 말했다.

"죽고 사는 것은 운명에 달려 있고, 잘살고 귀하게 되는 것은 하늘에 달려 있다."[1)]

子夏曰: "死生有命, 富貴在天."

2. 분수

모든 일은 분수가 이미 정해졌거늘 덧없는 인생이 부질없이 저 혼자 바쁘구나.[2)]

萬事分已定, 浮生空自忙.

1) 《논어》〈안연顔淵〉 편에 있는 자하의 말이다. 사마우司馬牛가 "남들은 모두 형제가 있는데, 저만 홀로 없습니다〔人皆有兄弟, 我獨亡〕"라고 푸념하자 자하가 "내가 듣건대 '죽고 사는 것은 운명에 달려 있고, 잘살고 귀하게 되는 것은 하늘에 달려 있다'고 합니다. 군자가 공경하는 마음을 가지고 소홀함이 없으며, 다른 사람을 공손하게 대하면서 예를 갖춘다면, 사해 안이 다 형제입니다. 군자가 어찌 형제 없음을 근심하겠습니까〔商聞之矣. '死生有命, 富貴在天.' 君子敬而無失, 與人恭而有禮. 四海之內, 皆兄弟也. 君子何患乎無兄弟也〕?"라고 한 것이다.

2) 이 두 문장은 《청평산당화본淸平山堂話本·합동문자기合同文字記》에 나온다. 뒤 문장은 원元대 마치원馬致遠의 〈악양루嶽陽樓〉 제1절에도 나오는데 "그렇다면 너는 그렇게 덧없는 인생이 부질없이 저 혼자 바쁜가〔則你那浮生空自忙〕"라는 구절이다. 한편, 이 글은 주희의 시구로 알려져 있는데 앞부분의 시구는 "경우무숙초耕牛無宿草, 창서유여량倉鼠有餘量"이다. 번역해보면 "밭 가는 소에겐 묵은 풀이 없지만, 창고 속의 쥐는 양식이 남아돈다"이다. 어찌 보면 인간의 삶이란 정해진 대로 나아가게 마련이라는 뜻이다.

3. 재앙과 복

《경행록》에서 이른다.

"재앙은 요행으로 면하지 못하고 복은 두 번 다시 구하지 못한다."[3)]

景行錄云: "禍不可倖免, 福不可再求."

4. 분수 밖의 일

때가 이르니 바람이 [왕발을] 등왕각[4)]으로 보내고 운이 물러가니 느닷없는 벼락이 천복비를 때렸다.[5)]

時來風送滕王閣, 運退雷轟薦福碑.

---

3) 재앙은 피하려 한다고 해서 피해지는 것이 아니고 복도 구한다고 해서 구해지는 것이 아니라는 말이다. 세상일이란 마음대로 안 된다는 의미다.

4) 당 고조 이연李淵의 아들 등왕滕王 이원영李元嬰이 홍주도독洪州都督으로 있을 때 지은 누각으로 지금의 장시성江西省 난창南昌에 있다.

5) 왕발王勃은 노조린盧照隣, 낙빈왕駱賓王, 양형楊炯 등과 함께 초당사걸初唐四傑로 불렸고, 자는 자안子安이다. 왕통王通이 그의 손자이며, 강주絳州 용문龍門 사람으로 약관의 나이에 과거에 급제하여 괵주참군虢州參軍을 지냈으나, 두 차례나 면직당하는 우환을 겪었다. 교지령交趾令으로 좌천된 부친의 임지를 찾아가다가 27세라는 젊은 나이에 물에 빠져 죽었다. 왕발은 아버지를 찾아가는 길에 홍주도독 염백서閻白嶼가 등왕각을 보수하여 베푼 낙성식에 참석했다. 한편, 당시 27세이던 왕발은 꿈에서 빨리 난창으로 와서 글을 지으라는 신령의 현몽을 얻었다. 깨어보니 낙성식이 바로 그다음 날이었다. 다행히 순풍이 불어서 하룻밤 사이에 7백 리 길을 주파해 늦지 않게 바로 도착할 수 있었고, 왕발은 〈등왕각서〉라는 명문장으로 천하에 문명을 떨칠 수 있었다. 천복비는 중국 송대에 강서성 천복사에 있던 비석이다. 범중엄이 고을을 다스릴 때 백성에게 세금을 걷으려고 했는데, 밤사이에 벼락으로 비석이 깨져버렸으므로, 이에 세금 거두기를 중지했다. 범중엄의 문객 가운데 한 사람이 지극히 가난했는데, 명분 없이는 도와줄 수가 없었다. 이에 천복비의 비문을 탁본해오면 후한 상을 준다고 하여 그 문객이 천신만고하여 수천 리를 애써 갔더니, 그날 밤에 벼락이 내려 비석이 깨져버렸다. 사람이 아무리 애를 써도 안 될 일은 안 되며, 오히려 대자연의 섭리에 맡기고 열심히 살다 보면 행운이 자연스럽게 찾아온다는 의미다.

5. 세상사라는 것

열자[6]가 말했다.

"어리석고 귀먹고 고질이 있고 벙어리라도 집은 호화롭고 부유할 수 있고, 지혜롭고 총명하지만 오히려 가난해질 수 있다.

[자신이 태어난] 해와 달과 날과 때가 분명하게 정해져 있으니 따져보면 [부유함은] 운명으로부터 나오는 것이지 사람으로부터 나오는 것은 아니다."

列子曰: "痴聾痼啞, 家豪富. 智慧聰明, 却受貧. 年月日時該載定, 算來由命不由人."[7]

---

6) 도가 계열의 전국시대 사상가로 전설적인 인물이다. 기원전 4백 년경의 인물로 알려져 있다. 그러나 사마천의《사기》에 열자의 전기가 보이지 않아 실존 인물인지를 둘러싼 의문이 제기돼왔다. 그가 지었다는《열자》라는 책 역시 도의 본질에 대한 담론을 비롯해 유가, 잡가 사상과 신선 이야기 등이 뒤섞여 있어 일관성이 부족하다.

7) 사실상 이 글은《열자》에 보이지 않는다. 역사가 사마천도 궁형의 치욕을 당한 원망과 한을 역사 속의 인물들에 빗대어 말하면서 "하늘의 뜻은 편애하는 일 없이 언제나 착한 사람 편에 선다(天道無親, 常與善人)"는 논점에 의문을 품고 하늘의 도는 옳은가 그른가 하면서 천도시비론天道是非論을 제시했다.

제4편

효행孝行

효도와 행실

이 편에는 모든 행동의 근본이라 하는 효孝에 관한 글귀들이 많다. 특히 공자의 어록이라 할《논어》에서 가져온 글이 거의 절반을 차지한다. 효는 특정한 행위에 국한되지 않으며 효를 행하는 이의 마음가짐이 중요하다는 사실을 새삼 되새기게 된다. 사실 오늘날엔 이런 가르침을 있는 그대로 받아들이기 어려울 수도 있으나 여기서 말하는 효행의 개별 유형보다는 전체적인 의미를 곱씹어본다면 예나 지금이나 효를 행하는 기본자세와 생각은 달라지지 않았음을 알 수 있다. 어디서든지 부모님 생각을 잊지 않고, 부모님께서 걱정하실 일은 만들지 않으며, 부모님 말씀을 존중하고 새겨들으며 부모님께 감사하는 마음을 잊지 않는 것이다. 이중에 제일 마지막 덕목이 가장 중요하다. 또 하나 강조할 것은, 부모님이 돌아가시고 나면 아무리 효도를 하고 싶어도 할 수가 없다는 사실이다. '나를 낳아 기르시기에 애쓰고 수고하신' 부모님께 밝은 낯빛으로 자주 뵙고 보살펴드리는 작은 효도 역시 살아 계실 때나 가능한 일임을 잊지 말아야 할 것이다. 결국 이 모든 것이 예나 지금이나 효를 논할 때 항상 하는 말이고 강조하는 바이다.

1. 어버이의 은혜

《시경》에서 말했다.

"아버지는 나를 낳으시고 어머니는 나를 기르셨네.

애달프다. 부모님이시여, 나를 낳아 기르시기에 애쓰고 수고스러웠네.

깊은 은혜를 갚고자 한다면 넓은 하늘처럼 끝이 없구나."[1)]

詩曰: "父兮生我, 母兮鞠我. 哀哀父母, 生我劬勞. 欲報深恩, 昊天罔極."[2)]

2. 효자 노릇

공자가 말했다.

1) 진晋나라 사람 이밀李密이 쓴 〈진정표陳情表〉에는 다음과 같은 글귀가 실려 있다. 조모 유씨가 위독하여 이밀이 부득이 관직을 사양하게 됨을 황제께 고하는 글이다. "신에게 할머니가 안 계셨더라면 오늘에 이를 수 없었을 것이며, 조모에게 신이 없으면 여생을 마칠 수 없을 것입니다. 조모와 손자 두 사람이 번갈아 서로 목숨을 만들었습니다. 이 때문에 잠시라도 버리고 멀리 있을 수 없습니다. 신은 금년 마흔넷이고, 할머니 유씨는 예순여섯이니, 제가 폐하께 충성을 다할 날은 길고 조모 유씨에게 은혜를 보답할 날은 짧습니다. 까마귀의 효심 같은 사사로운 정으로 조모가 돌아가시는 날까지만 봉양하게 해주십시오(臣無祖母, 無以至今日, 祖母無臣, 無以終餘年, 母孫二人, 更相爲命. 是以區區不能廢遠. 臣密, 今年四十有四, 祖母劉, 今九十有六, 是臣, 盡節於陛下之日長, 報劉之日短也. 烏鳥私情, 願乞終養)." 이밀은 어려서 아버지를 잃고 어머니 하씨가 개가하자, 할머니의 손에서 자랐으며, 효심이 두터워서 병든 할머니를 간호하려고 황제가 내린 관직을 사양했다.

2) 이 시는 《시경詩經》 〈소아小雅·육아蓼莪〉 편에 나온다. "호천망극昊天罔極"이란 나를 기른 부모의 은덕이 너무도 깊고 넓어 보답하려 해도 보답할 길이 없음을 말한다. 그러나 부모가 살아 계실 때 이런 생각을 떠올리는 것만으로도 이미 효자의 대열에 들어섰다 할 수 있을 것이다. 한편, 조식曹植의 시 〈책궁責躬〉에도 "호천망극昊天罔極"이란 말이 나온다. '호천'은 창천蒼天, 즉 푸른 하늘이다. 옮긴이는 "넓은 하늘"로 번역했다.

"효자가 어버이를 섬기는 것이란, 기거함에 그 공경을 다하고, 봉양함에는 그 즐거움을 다하며 병드신 때에는 그 근심을 다하고, 돌아가신 때에는 그 슬픔을 다하며, 제사 지낼 때에는 그 엄숙함을 다한다."[3)]

子曰: "孝子之事親也, 居則致其敬, 養則致其樂, 病則致其憂, 喪則致其哀, 祭則致其嚴."

3. 행선지를 남겨라

공자가 말했다.

"부모님이 살아 계시면 멀리 놀러 가지 않고, 놀러 가면 반드시 [가는] 방향(곳)이 있어야만 한다."[4)]

子曰: "父母在, 不遠遊, 遊必有方."

4. 효의 기본

공자가 말했다.

"아버지께서 명하여 부르시면 머뭇거리지 말고 "예" 해야 하고

---

3) 효자의 이러한 기본 양심과 도리를 이르는 성어로 '혼정신성昏定晨省'이 있다. 저녁에는 잠자리를 살피고, 아침에는 일찍이 문안드린다는 뜻으로, 겨울에는 따뜻하게, 여름에는 서늘하게 살핀다는 의미의 동온하청冬溫夏淸과 일맥상통하는 말이다.

4) 《논어》〈이인里仁〉 편에 나오는 구절이다. 부모님께 걱정을 끼쳐 드리지 않기 위한 최소한의 배려다. 《전국책戰國策》〈제책齊策〉 편에 '의려지망倚閭之望'이란 말이 있다. 부모님은 늘 문에 기대어 자식을 기다린다는 의미다.

음식이 입에 있거든 그것을 뱉어내야 할 것이다."[5]

子曰: "父命召, 唯而不諾, 食在口則吐之."

5. 효도의 대물림

태공太公이 말했다.

"[내가] 어버이에게 효도하면 자식도 나에게 효도할 것이나, 내가 이미 효도하지 않는데, 자식이 어찌 효도하겠는가?"[6]

太公曰: "孝於親, 子亦孝之, 身旣不孝, 子何孝焉."

6. 처마 끝의 물처럼

효도하고 순종한 사람이 또 효도하고 순종하는 자식을 낳으며, 거스르고 패역한 사람은 또 거스르고 패역한 자식을 낳는다.

---

5) 이 말은 부모님의 말씀을 존중하고 어렵게 생각하여 행동하라는 뜻으로, 부모님의 말씀과 명命에 절대적인 가치를 부여하여 존경하고 따르라는 말이다. 효의 기본은 공경이고 이는 밥 먹을 때나 다른 일을 할 때나 변함이 없어야 한다.

6) "부모가 온 효자가 되어야 자식이 반 효자가 된다"란 말이 있다. 한 사람의 효자를 기대하려면 부모는 두 사람 분 이상의 효도를 해야 한다. 옛날 우리나라에서 부모가 늙어 봉양하기 귀찮으면 산에다 버리는 풍습이 있어 '고려장'이라고 했다. 어떤 사람이 남들이 하는 대로 늙은 아버지를 지게에 지고 산으로 가는데, 어린 아들놈이 뒤따랐다. 산에 다 가서 아버지를 내려놓고 꺼림칙하여 지게를 부수려고 하니, 아들이 말리면서 이렇게 말했다. "아버지, 멀쩡한 지게는 왜 부수어요? 그냥 가져다 두었다가 다음에 제가 아버지를 버릴 때 쓰면 좋지 않겠어요?" 그러자 아버지는 아들의 말을 듣고 깨달은 바가 있어 버렸던 아버지를 다시 지고 내려와 돌아가실 때까지 잘 봉양했다고 한다.

믿지 못하겠거든 단지 처마 끝의 물을 보라.

한 방울 한 방울 떨어지는 것이 어긋나게 옮겨감이 없구나.

孝順, 還生孝順子. 忤逆, 還生忤逆子. 不信, 但看簷頭水. 點點滴滴不差移.

제5편

정기正己

자신을 바르게 하다

이 편에는 수신修身에 도움이 되는 글귀들이 수록되어 있다. 정기는 '자신을 바르게 하다'라는 뜻인데, 우리가 흔히 말하는 수신제가치국평천하修身齋家治國平天下의 수신처럼 무엇보다 자신을 닦는 일이 기본이 된다. 《대학大學》에는 3강령과 8조목이 있다. 3강령은 밝은 덕을 밝히고〔明明德〕, 백성을 새롭게 하며〔親民〕, 지극한 선에 이르게 하는 것〔止於至善〕이다. 8조목이란 이 3강령을 실현하는 차례요 단계인데, 순서는 격물格物·치지致知·성의誠意·정심正心·수신修身·제가齊家·치국治國·평천하平天下이다. 이 8조목에는 각 조목을 설명하는 전傳이 있는데, 격물과 치지에 관한 전만 없다. 《대학》의 문장을 보자.

"사물의 이치를 구명한 뒤에 앎이 이르고, 앎이 이르고 난 뒤에 뜻이 정성스러워지고, 뜻이 정성스러워진 뒤에 마음이 바르게 되고, 마음이 바르게 되고 난 뒤에 몸이 닦아지고, 몸이 닦아지고 난 뒤에 집안이 다스려지고, 집안이 다스려지고 난 뒤에 나라가 다스려지고, 나라가 다스려지고 난 뒤에 천하가 평정된다〔物格而後知至, 知至而後意誠, 意誠而後心正, 心正而後身修, 身修而後家齊, 家齊而後國治, 國治而後天下平〕."

여기에는 유가儒家에서 강조하는 절제를 통한 인격 수양의 격률과 더불어 난세亂世를 사는 도가道家 특유의 처세훈까지 곁들여져 있다. 수신이란 결국 자기관리에서 출발하는 셈인데, 이는 현대인들에게 시사하는 바가 적지 않은 가르침이다.

공자는 세대별로 경계해야 할 점을 구체적으로 밝혀두었다. "젊어서는 혈기가 안정되지 않았으므로 여색에 빠지는 것을 경계해야 하고 장년이 되어서는 혈기가 막 왕성해지므로 싸움에 빠지는 것을 경계해야 하며 늙어서는 혈기가 이미 사그라졌으므로 탐욕에 빠지는 것을 경계해야 한다." 이와 같이 타고난 혈기를 잘 제어하여 순리에 따라 살아간다면 자신과 가족을 망치는 우는 범하지 않을 것이다.

1. 타인보다 자신을 되돌아보라

《성리서》[1]에서 이른다.

"다른 사람의 착함을 보거든 자신의 착한 것을 찾고, 다른 사람의 악함을 보거든 자신의 악한 것을 찾을 것이니, 이와 같이 하면 비로소 이로운 점이 있을 것이다."[2]

性理書云: "見人之善, 而尋己之善, 見人之惡, 而尋己之惡, 如此, 方是有益."

2. 대장부

《경행록》에서 이른다.

"대장부[3]는 마땅히 다른 사람을 포용할지언정 다른 사람에게 포용되는 사람이 되어서는 안 된다."

景行錄云: "大丈夫, 當容人, 無爲人所容."

---

1) 여기서는 송나라 때 지어진 성리학에 관한 책을 포괄적으로 이르는 말이다. 실제 《성리서》란 책은 없다.

2) 공석불란孔席不暖(공자의 자리는 따뜻할 날이 없다)이라는 말처럼 공자는 늘 부지런했다. 그는 배우는 일을 매우 중시했으며, 배움에 있어 나이가 많고 적음이나 신분이 높고 낮음에 신경 쓰지 않았다. 《논어》 〈술이述而〉 편에 나오는 "세 사람이 길을 가면 [그 가운데] 반드시 나의 스승이 있다(三人行, 必有我師焉)"라는 대목도 공자의 학문 하는 태도를 잘 나타낸 말이다. 한편 "선악개오사善惡皆吾師"란 말이 있다. 선과 악은 모두 나의 스승이라는 뜻이다. 다른 사람의 악함을 보고 욕하지 말고 나에게도 그런 면이 있는지 돌아보라는 의미이다.

3) 대장부大丈夫란 호연지기를 가진 자로서 활달하고 웅대한 마음을 품고 살아가며 자기관리에도 철저하여 절대로 흔들림이 없다. 그런데 여기서 말하는 대장부는 의미상 '군자'와 유사해 보인다.

3. 겸손

태공이 말했다.

"자신을 귀하게 여김으로써 다른 사람을 천하게 여기지 말고, 스스로를 잘났다고 여겨 [다른 사람을] 멸시하고 하찮게 여기지 말며, [자신의] 용맹만을 믿고서 적을 가벼이 여기지 말라."

太公曰: "勿以貴己而賤人, 勿以自大而蔑小, 勿以恃勇而輕敵."

4. 과실을 듣는 법

마원이 말했다.

"다른 사람의 허물과 실수를 듣거든 마치 부모의 이름을 들은 듯이 하여 귀로 들을지언정 입으로는 말하지 말 것이다."[4)]

馬援曰: "聞人之過失, 如聞父母之名, 耳可得聞, 口不可得言也."

5. 성찰의 방식

강절 소 선생이 말했다.

"다른 사람에게 비방을 들어도 화내는 일이 없도록 하며, 다른 사

4) 그래서 흔히 인격의 첫째 덕목으로 다른 사람의 단점을 말하지 않는 것이 꼽힌다.

람에게 칭찬을 들어도 기뻐함이 없도록 하라. 다른 사람의 악한 것을 들더라도 맞장구치는 일이 없도록 하되, 다른 사람의 착한 것을 듣거든 곧 나아가 그와 어울리고 또 그를 좇아 기뻐하라."

그러므로 시에서 말한다.

"착한 사람 보기를 즐겨 하고 착한 일을 듣기를 즐겨 하며,
착한 말 하는 것을 즐겨 하고 착한 뜻 행하기를 즐겨 하며,
다른 사람의 악한 것을 듣거든 가시를 등에 진 듯이 하고,
다른 사람의 착한 것을 듣거든 난초와 혜초를 차고 있는 듯하라."

康節邵先生曰: "聞人之謗, 未嘗怒, 聞人之譽, 未嘗喜, 聞人之惡, 未嘗和, 聞人之善, 則就而和之, 又從而喜之." 故其詩曰: "樂見善人, 樂聞善事, 樂道善言, 樂行善意, 聞人之惡, 如負芒刺, 聞人之善, 如佩蘭蕙."

6. 도적과 스승

나의 착한 점을 말해주는 사람은 나의 도적이요, 나의 나쁜 점을 말해주는 사람이 나의 스승이다.[5)]

道吾善者是吾賊. 道吾惡者是吾師.

---

5) 나의 장점이나 선행보다는 단점과 잘못된 점을 들어야 한다. 특히 친구가 하는 비판을 비난으로 받아들이지 말아야 한다. 결국 같은 말이라도 듣는 자의 자세가 중요하다는 것이다. "양약고구이어병良藥苦口利於病"(좋은 약은 입에 쓰지만 병에는 이롭다)이란 말이 떠오른다. 공자는 벗의 종류를 말하면서 이렇게 말했다. "유익한 벗이 세 가지이고, 손해가 되는 벗이 세 가지이다. 정직한 사람을 벗하고, 미더운 사람을 벗하며, 견문이 많은 사람을 벗하면 이롭다. 아첨을 잘하는 사람을 벗하고, 겉과 속이 다른 사람을 벗하며, 말재주가 뛰어난 사람을 벗하면 손해다(孔子曰: "益者三友, 損者三友. 友直, 友諒, 友多聞, 益矣. 友便辟, 友善柔, 友便佞, 損矣)."(《논어》〈계씨季氏〉) 과연 나에겐 어떤 친구가 있는지 한번 생각해보자.

7. 근면과 삼감

태공이 말했다.

"부지런함은 값을 매길 수 없는 보배이고, 삼감이란 몸을 보호하는 부적이다."

太公曰: "勤爲無價之寶, 愼是護身之符."

8. 명예를 피해 가라

《경행록》에서 말했다.

"삶을 보전하려는 자는 욕심을 적게 하고, 자신을 보전하려는 자는 명예를 피한다. 욕심이 없도록 하는 것은 쉽지만 명예가 없도록 하는 것은 어렵다."[6)]

景行錄曰: "保生者寡慾, 保身者避名. 無慾易, 無名難."

9. 군자가 경계할 세 가지

공자가 말했다.

6) 《채근담》 첫 장에 나오는 "권력과 세력에 의지하여 아부하는 사람은 처량하기가 영원하다〔依阿權勢者, 凄凉萬古〕"라는 구절이 떠오른다. 누구나 권력과 명예를 좇지만 그것이 영원할 순 없다. 도덕과 권력의 간극은 생각보다 크다. 멀리 보아야 하는데 사람은 늘 세상의 이치와 반대로 가려고 한다. 사람의 도를 지키며 사느냐, 세속에서 추구하는 권세와 명예에 빌붙어 사느냐 하는 것은 선택의 문제가 아니다.

"군자에게는 세 가지 경계해야 하는 것이 있다.

젊어서는 혈기가 안정되지 않았으므로 여색에 빠지는 것을 경계해야 하고, 장년이 되어서는 혈기가 막 왕성해지므로 싸움에 휘말리는 것을 경계해야 하며, 늙어서는 혈기가 이미 사그라졌으므로 탐욕에 빠지는 것을 경계해야 한다."[7]

子曰: "君子有三戒, 少之時, 血氣未定. 戒之在色, 及其壯也, 血氣方剛, 戒之在鬪, 及其老也, 血氣旣衰, 戒之在得."[8]

10. 새벽에 화내지 말라

손진인[9]의 《양생명》[10]에서 이른다.

"노여움이 유난히 심하면 기운을 상하게 하고, 생각이 너무 많으면 정신을 손상시킨다.

정신이 피곤하면 마음이 수고로워지기 쉽고, 기운이 약하면 병이

---

7) 마음을 다스리기가 쉽지 않다는 점을 강조하고 있는 문장이다. 나이가 들수록 다른 사람의 말을 듣지 않고 젊어서는 아무 때나 불끈하며 성질을 부리기 쉽다. 최소한의 비용으로 최대한의 이익을 창출하고자 할 때 핵심은 평정심을 잃지 않는 일이다.

8) 이 문장은 《논어》 〈계씨季氏〉 편에 나온다. 황간皇侃의 주석서인 《황소皇疏》에서 말하길 "젊어서〔少〕"는 20세 이하이고, "장년이 되어서〔壯〕"는 30세 이상이고, "늙어서〔老〕"는 50세 이상이다. 맨 마지막인 늙음의 나이는 규정하기 어려운데 혹자는 70세까지 확장하기도 하지만 여기서는 혈기의 문제이므로 황간의 주석이 더 합당하다.

9) 어느 시대에 활동한 어떤 사람인지 확실하지 않다. 성이 손씨인 진인眞人이란 의미다. 진인이란 도사道士의 최고 경지인데, 진리를 닦아 도를 터득한 사람과 신선이 되어 하늘로 올라간 사람을 말한다.

10) 이 제목은 몸과 마음을 건강하게 보존하여 기른다는 의미로서, 《양생명》은 병에 걸리지 않도록 삼가는 항목을 정리한 책이다.

이에 따라 생긴다.

슬퍼하고 기뻐하는 것을 지나치게 하지 말고, 마땅히 음식을 고르게 먹으며, 거듭 밤에 술 취하는 것을 막고, 무엇보다도 새벽녘에 화내는 것을 삼가라."[11)]

孫眞人養生銘云: "怒甚偏傷氣. 思多太損神, 神疲心易役. 氣弱病相因, 勿使悲歡極, 當令飮食均, 再三防夜醉, 第一戒晨嗔."

11. 맑은 마음

《경행록》에서 말했다.

"음식이 담박하면 정신이 상쾌해지고 마음이 맑으면 꿈꾸는 잠자리가 편안하다."[12)]

景行錄曰: "食淡精神爽, 心淸夢寐安."

---

11) 어떤 물질이든 간에 극단으로 치달으면 본래의 성질이 사라지거나 파괴된다. 양의 극단이나 음의 극단이나 마찬가지이다. "새벽녘에 화내는 것을 삼가라"는 것은 몸이 차분해질 때 그것을 깨는 정반대 행동은 특히 해롭다는 말이다.

12) 한의학에서는 칠정七情, 즉 일곱 가지 정신적 요인을 질병의 원인으로 보는데, 이는 인체의 오장육부와 연결된다. 즉 성냄은 간, 기쁨은 심장, 걱정은 비장, 슬픔은 폐, 두려움은 신장에 대응하는데, 성냄이 지나치면 간이 상하고, 기쁨이 과도하면 심장이 상하는 이치다. 몸을 건강하게 하려면 음식을 가려 먹어야 한다. 가벼운 음식을 먹으면 정신이 맑아지고 기름기가 많은 고량진미를 먹으면 정신이 무거워진다. 스트레스를 많이 받거나 신경이 예민한 사람은 음식 자체를 가볍게 먹어야 한다.

12. 사물 접하는 법

마음가짐을 안정시켜 사물을 접하게 되면, 비록 글을 읽지 않았더라도 덕 있는 군자[13]라 할 수 있다.

定心應物, 雖不讀書, 可以爲有德君子.

13. 분노와 욕망

《근사록》[14]에서 이른다.

"분한 마음을 징계하기를 마치 불 끄듯 하고, 욕심 막는 것을 마치 물 막듯 하라."[15]

近思錄云: "懲忿如救火, 窒慾如防水."

14. 양생법

《이견지》[16]에서 이른다.

13) 군자란 소인의 상대 개념으로 신분상으로는 귀족이다. 올바른 마음 자세로 살아가고 도덕과 학식을 두루 갖춘 존재이다. 특히 공자는 군자의 길을 말하면서 믿음과 의로움의 관계를 중시했고, 배움이란 욕망의 추구라기보다는 소탈한 마음 자세라고 강조했다.

14) 남송의 주희와 그의 제자 여조겸呂祖謙이 함께 지은 책으로 당시 몇몇 성리학자의 글 가운데 가려 뽑은 6백여 항목을 정리한 책이다.

15) 이 글은《근사록》에는 보이지 않는다. 분노나 욕망 등을 경계하라는 말이다. 인간사 모든 일은 마음 다스림에 달려 있다.

"여색 피하기를 마치 원수 피하듯 하고[17] 바람 피하기를 마치 화살 피하는 것처럼 하라.

빈속에 차를 마시지 말고 한밤중에는 밥을 적게 먹어라."[18]

夷堅志云: "避色如避讐, 避風如避箭, 莫喫空心茶, 少食中夜飯."

15. 말의 성찬보다는

순자가 말했다.

"쓸모없는 변론과 급하지 않은 일은 버려두어 다스리지 말라."[19]

荀子曰: "無用之辯, 不急之察, 棄而勿治."

16. 직접 확인하라

공자가 말했다.

"모두가 그를 좋아하더라도 반드시 살펴보아야 하고, 모두가 그

16) 송宋나라 홍매洪邁가 지은 책이다. 신선과 귀신 등에 대한 괴이한 이야기들을 모았으며, 모두 420권으로 되어 있는데 당시 민간 사회의 모습을 두루 볼 수 있다.

17) 이 문장은 《논어》〈학이學而〉 편에 나오는 "현명한 사람을 현명하게 여기는 것을 여색 좋아하는 것을 [거꾸로] 바꾸듯 하고(賢賢易色)"라는 자하子夏의 말과 대비하여 읽어볼 만하다.

18) 단순한 말인 것 같지만, 양생은 도교에서 매우 중시한 문제이다.

19) 《순자》〈천론天論〉 편에 나오는 구절로서 불필요한 변설을 하지 말라는 말이다. 지금 하지 않아도 되는 일이나 급하지 않은 일들은 괜히 정신만 산란하게 할 뿐이다. 지나치게 오지랖을 넓히면 핵심 사안을 그르칠 수 있다는 말이다.

를 미워하더라도 반드시 살펴보아야 한다."[20]

子曰: "衆好之, 必察焉, 衆惡之, 必察焉."[21]

17. 군자와 대장부

술 취한 가운데도 말을 하지 않는 것은 참 군자요, 재물 거래에 분명한 것이 대장부다.[22]

酒中不語, 眞君子. 財上分明, 大丈夫.

18. 너그러워라

모든 일에 너그러움을 좇으면 그 복이 저절로 두터워진다.[23]

萬事從寬, 其福自厚.

---

20) 선입견에 대한 경고로 보이는 구절이다. 사실 이 말보다 상세한 대화가 《논어》〈자로〉 편에 나온다. "자공이 여쭈었다. '마을 사람이 모두 그를 좋아하면 어떻습니까?' 공자께서 말씀하셨다. '[그 정도로는] 안 된다.' '마을 사람이 모두 그를 미워하면 어떻습니까?' 공자께서 말씀하셨다. '[그 정도로는] 안 된다. 마을 사람 가운데 선한 사람이 그를 좋아하고, 선하지 않은 사람이 그를 미워하는 것만 못하다'(子貢問曰: '鄕人皆好之, 何如.' 子曰: '未可也.' '鄕人皆惡之, 何如.' 子曰: '未可也. 不如鄕人之善者好之, 其不善者惡之')."

21) 《논어》〈위령공衛靈公〉 편에 나오는데 실제로는 "衆惡之, 必察焉. 衆好之, 必察焉"이라고 되어 있다.

22) 군자와 대장부를 알아보는 방법은 의외로 간단하다. 어떤 사람을 제대로 알아보기 위해 지금도 통용되는 방법은 함께 술을 마셔보고 금전 거래를 해보는 것이다. 공자의 음주 태도에 관한 내용이 《논어》〈향당鄕黨〉 편에 나온다. "술만은 양을 한정하지 않으셨으나 [마음을] 어지럽힐 정도까지는 이르지 않으셨다(唯酒無量, 不及亂)."

23) 다른 사람에게 깐깐하고 자신에게 너그럽기 일쑤인 요즘 세태에 적절한 가르침이다.

19. 역지사지

태공이 말했다.

"다른 사람을 헤아려보려거든 먼저 반드시 스스로를 헤아려라. 다른 사람을 해치는 말은 도리어 스스로를 상하게 하는 것이니, 피를 머금어 다른 사람에게 뿜으려 하면 먼저 자신의 입을 더럽히는 법이다."[24]

太公曰: "欲量他人, 先須自量. 傷人之語, 還是自傷, 含血噴人, 先汚其口."

20. 유희보다 부지런하라

모든 유희는 이로움이 없고, 부지런함만이 공이 있게 된다.

凡戱無益, 惟勤有功.[25]

---

24) 《논어》〈안연〉 편에도 "기소불욕 물시어인己所不欲, 勿施於人"이란 말이 나온다. 즉 "자기가 하고자 하지 않는 바를 다른 사람에게 베풀지 말아야 한다"는 말이다. 이 말은 〈위령공〉 편에도 나온다. 공자가 제시한 헤아림의 척도는 바로 "서恕"다. 유가에서 인仁과 서恕는 거의 같은 개념으로 쓰인다. 즉 인과 서는 모두 추기급인推己及人에서 비롯하니, 이는 남을 배려하고 존중해주는 것으로 다른 사람의 입장에서 생각하는 데서 출발한다.

25) 왕응린王應麟이 쓴 《삼자경三子經》에는 이 문장이 "근유공, 희무익勤有功, 戱無益(부지런하면 공이 있고 유희만 하면 이로움이 없다)"이라고 되어 있어 순서와 글자가 조금 다르다.

21. 처신

태공이 말했다.

"[다른 사람의] 오이 밭에는 신발을 들이지 말고 오얏나무 아래에서는 갓을 정돈하지 않는다."[26)]

太公曰: "瓜田不納履, 李下不整冠."

22. 마음은 편하게 몸은 수고롭게

《경행록》에서 말했다.

---

26) 위나라 조비曹丕가 〈군자행君子行〉이란 시에서 처음 이 말을 썼는데, 군자는 미연未然에 방지하며, 혐의가 있는 곳에 머물지 않는다는 의미였다. 간단히 과전리하瓜田李下라고도 한다. 동진東晉 간보干寶의 《수신기搜神記》 〈가문합賈文合〉 편에 따르면 전국시대 제나라 위왕威王에게 우희虞姬라는 후궁이 있었다. 우희는 위왕을 성심성의껏 모셨을 뿐 아니라 나라의 앞날을 늘 걱정하는 속 깊은 여인이었다. 당시 제나라는 주파호周破湖라는 간신이 국정을 마음대로 휘둘러 나라가 제대로 다스려지지 않았고 민심도 불안한 상태였다. 이를 보다 못한 우희가 위왕에게 주파호는 흑심을 품고 있는 나쁜 사람이니 그의 관직을 박탈하고 북곽北郭 선생 같은 어진 선비를 등용하라고 했다. 그러나 우희가 자신을 제거하려 한다는 정보를 입수한 주파호는 오히려 우희와 북곽 선생이 서로 좋아하는 사이라며 둘을 모함했다. 이를 들은 위왕은 곧장 우희를 감옥에 가두고 관원에게 사실 여부를 조사하도록 했다. 주파호에게 매수 당한 관원들은 우희의 죄를 억지로 꾸미려고 했다. 위왕은 관원들의 보고에 이상한 점이 있는 데다 그간 쌓은 정도 있어 직접 우희를 신문하기로 했다. 왕 앞에 끌려온 우희는 말했다. "신첩은 10년 동안 한결같은 마음으로 왕을 모셨습니다. 그런데 불행히도 간신들의 모함을 받게 됐습니다. 신첩의 결백함은 푸른 하늘과 밝은 해 같습니다. 신첩에게 죄가 있다면 '오이 밭에는 신발을 들이지 말고 오얏나무 아래에서는 갓을 정돈하지 않는다(瓜田不納履, 李下不整冠)'라고 했듯, 남에게 의심 받을 일을 피하지 못했다는 점과 감옥에 갇혔는데도 옹호해주는 사람이 없다는 부덕의 소치일 것입니다. 하지만 신첩에게 죽음을 내리신다 해도 변명은 하지 않겠습니다. 다만 주파호 같은 간신은 쫓아내십시오." 위왕은 우희의 충심에 자신의 아둔함을 깨닫고는 곧바로 주파호를 삶아 죽이고 우희를 풀어줬다.

"마음은 편할지언정 몸은 수고롭게 하지 않을 수 없다.

도는 즐거울지언정 몸가짐은 걱정하지 않을 수 없다.

몸이 수고롭지 않으면 게을러서 쉽게 망가지고, 몸가짐에 걱정이 없으면 방종이 지나쳐 안정되지 못한다.

그러므로 편안함은 수고로움에서 생겨 항상 기쁠 수 있고, 즐거움은 근심에서 생겨나니 싫증이 없게 된다.

편안하고 즐거워하려는 자는 [몸이] 수고로울 것이니, [이를] 어찌 잊을 수 있겠는가?"[27]

景行錄曰: "心可逸, 形不可不勞. 道可樂, 身不可不憂. 形不勞則怠惰易弊, 身不憂則荒淫不定. 故逸生於勞而常休, 樂生於憂而無厭. 逸樂者憂勞, 豈可忘乎."

23. 남에게 관대하라

귀로는 다른 사람의 그릇됨을 듣지 않고, 눈으로는 다른 사람의 단점을 보지 않으며, 입으로는 다른 사람의 허물을 말하지 않아야 거의 군자에 가까운 것이다.[28]

耳不聞人之非, 目不視人之短, 口不言人之過, 庶幾君子.

27) 풍성함 속에 쇠락의 기운이 싹트는 법이고, 부귀영화 속에 비애의 씨가 뿌려져 있다. 역경 속에서도 성공의 씨앗은 움트고 있는 것이다. 잘나간다고 해서 느슨하거나 방종해서도 안 되고, 일이 안 풀린다고 해서 실망하거나 굴복해서도 안 된다. 편안한 마음속에 방종의 마음이 깃들어 있으니 늘 근신하는 마음을 지녀야 한다.

28) 우리 속담에 "개 눈에는 똥만 보인다"는 말이 있다. 평소에 자신이 좋아하거나 관심을 기울이는 것만이 눈에 띈다는 말이다. 평소 다른 사람의 허물이나 단점을 즐겨 지적하고 비판하게 되면 나중에는 오로지 단점만 눈에 들어오게 된다. 그런 사람은 편벽되기가 쉽다. 그러므로 다른 사람의 좋은 점을 보고 듣는 일을 습관화해야 한다는 말이다.

24. 말을 삼가라

채백개[29]가 말했다.

"기뻐하고 노여워하는 것은 마음속에 있고, 말은 입 밖으로 나가는 것이니 삼가지 않을 수 없다."[30]

蔡伯喈曰: "喜怒在心, 言出於口, 不可不愼."

25. 낮잠의 의미

재여[31]가 [한낮에] 낮잠을 잤다. 공자가 말했다.

"썩은 나무로는 조각할 수 없고, 더러운 흙으로 쌓은 담장에는 흙손질을 할 수 없다."

29) 후한後漢 때 사람으로 이름은 옹邕이고, 백개는 자다. 효자로 유명했고, 천문학을 좋아했으며, 거문고를 잘 탔다고 한다.

30) 차오르는 분노와 치솟는 욕망이 자신을 엄습하면 이를 제어하기 위해 무엇인가를 작동해야만 한다.

31) 공자의 제자로서 능력이 뛰어나 공자가 죽고 공자학파를 설립하는 데 적지 않은 공헌을 했다. 하지만 스승의 생전에는 이런 혹평을 받았다. 이 말은《논어》〈공야장公冶長〉편에 나오며, 이 문장의 바로 뒤 구절은 공자의 한탄이 스며 있다. "내가 너를 보고 무엇을 탓하겠느냐(於予與何誅)?" 공자는 다시 덧붙여 이렇게 말했다. "처음에 나는 사람을 대할 때 그의 말을 듣고 그의 행동을 믿게 되었는데, 지금 나는 사람을 대할 때 그 말을 듣고도 그 행동을 살피게 되었다. [재여에 대해서도] 이처럼 바뀌었다(始吾於人也, 聽其言而信其行. 今吾於人也, 聽其言而觀其行. 於予與改是)." 공자가 낮잠을 잔 재여를 얼마나 혹독하게 나무랐는지를 알 수 있는 대목이다. 한번은 재여가 고대 전설 속의 다섯 제왕인 오제五帝의 덕을 묻자 공자는 "너는 그것을 물을 자격이 없다"고 했다고 사마천은《사기》〈중니제자열전〉에서 기록하고 있다. 사마천은 "재여가 제나라 도성 임치의 대부가 되었는데, 전상田常과 난을 일으켜 그 일족이 모두 죽임을 당하게 되었으므로 공자는 매우 부끄러워했다"라고 적기도 했는데, 그는 이 일로 인해 공자가 재여를 비판하게 되었다고 보았다.

宰予晝寢, 子曰: "朽木不可雕也. 糞土之墻, 不可圬也."

26. 경계하고 경계하라

자허원군[32]의 〈성유심문誠諭心文〉(마음을 진실되게 깨우치는 글)에서 말했다.

"복은 맑고 검소한[33] 데서 생겨나고,
덕은 [몸을] 낮추고 겸손한 데서 생겨나며,
도는 평안하고 고요한 데서 생겨나고,
생명은 조화롭고 화락하는 데서 생겨난다.
근심은 욕심이 많은 데서 생겨나고,
재앙은 탐하는 마음이 많은 데서 생겨난다.
허물은 경솔하고 교만한 데서 생겨나고,
죄악은 어질지 못한 데서 생겨난다.
눈을 경계하여 다른 사람의 그릇됨을 보지 말고,
입을 경계하여 다른 사람의 단점을 말하지 말고,[34]
마음을 경계하여 탐내고 성내지 말며,
몸을 경계하여 나쁜 벗을 따르지 말라.

---

32) 도교와 관련된 사람이기는 한데, 누구인지 알 수 없다. 자허란 하늘을 가리키고, 원군은 여신선女神仙의 미칭이라고 하는데, 명확하지 않다.

33) 검소함이라는 덕목을 통해 그 사람을 알 수 있다. 유가인 공자도 관중을 폄하하였다. 다음 대목을 보자. "관중은 검소했습니까?" [공자께서] 말씀하셨다. "관씨(관중)는 세 명의 여자를 두었고, 관청의 일들을 겸직하지 않게 하였으니 어찌 검소하다고 할 수 있겠는가[管氏有三歸, 官事不攝, 焉得儉]?" (《논어》〈팔일〉)

이롭지 않은 말을 함부로 하지 말고,

나와 관계없는 일은 함부로 하지 말라.

군왕을 존경하고, 부모에게 효도하며,

어른을 공경하고, 덕이 있는 이를 받들며,

어진 이와 어리석은 이를 분별하고 배움이 없는 자를 용서하라.

사물이 순리대로 오거든 물리치지 말고,

사물이 이미 지나가 버리면 뒤쫓지 말며,

몸이 불우하더라도 바라지 말고,

일이 이미 지나갔거든 생각하지 말라.

총명한 사람도 어두운 때가 많고,

잘 세운 계획도 편의를 잃을 때가 있다.

다른 사람에게 해를 끼치면 결국 자기도 손실을 입을 것이요,

권세에 기대면 재앙이 서로 따르게 된다.

경계하는 것은 마음에 있고,

지키는 것은 의기에 있다.

절약하지 않음으로써 집안을 망치고,

청렴하지 않음으로써 지위를 잃는다.

그대에게 권하니 스스로 평생을 경계하고 탄식하며 놀라고 두려워하라.

위로는 하늘의 거울이 비추고 있고, 아래로는 땅의 신령이 살피

---

34) 단점과 관련해서《채근담》121장에 나오는 구절을 음미할 만하다. "다른 사람의 단점은 완곡하게 기워주어 덮어야 한다. 만일 드러내놓고 들추어낸다면 이것은 [자신의] 단점으로 [상대방의] 단점을 공격하는 것이다(人之短處, 要曲爲彌縫. 如暴而揚之, 是以短攻短)." 풀이하면, 누구에게나 단점이 있는데, 남의 단점은 너그럽게 덮어주려는 마음이 있어야 한다. 굳이 들추어 공격하는 것은 좋지 않은 일이라는 뜻이다.

고 있다.

밝은 곳에는 왕의 법도가 서로 이어 있고,

어두운 곳에는 귀신이 서로 따르고 있다.

오직 바른길을 지키고 마음으로 속이지 말고 경계하고 경계하라."[35]

紫虛元君誠諭心文曰: "福生於淸儉, 德生於卑退, 道生於安靜, 命生於和暢, 患生於多慾, 禍生於多貪, 過生於輕慢, 罪生於不仁.[36] 戒眼莫看他非, 戒口莫談他短, 戒心莫自貪嗔, 戒身莫隨惡伴. 無益之言, 莫妄說, 不干己事, 莫妄爲. 尊君王孝父母, 敬尊長奉有德, 別賢愚恕無識. 物順來而勿拒, 物旣去而勿追, 身未遇而勿望, 事已過而勿思. 聰明, 多暗昧, 算計, 失便宜. 損人終自失, 依勢禍相隨, 戒之在心, 守之在氣, 爲不節而亡家, 因不廉而失位. 勸君自警於平生, 可歎可驚而可畏, 上臨之以天鑑, 下察之以地祇, 明有王法相繼, 暗有鬼神相隨, 惟正可守, 心不可欺, 戒之戒之."

35) 청렴, 검약과 몸을 낮추고 한발 물러서는 생활 태도 등을 지향하는 것이 전통시대 처세의 기본이었다. 남보다 앞서려 하지 않고 남보다 일정하게 뒤에 서는 것이 자연의 순리이니 이에 따라 한발 물러서는 자세를 취하는 것이 중요하다고 본 것이다.

36) '인仁'은 유가 사상에서 가장 핵심적인 개념이다. 공자는 이 개념을 "사람을 사랑하는 것" 혹은 "사람을 사람답게 대하는 것"이란 의미로 썼다. 청대의 학자 완원阮元은《논어》에만 '인' 자가 105번 쓰였다고 밝혔다. 공자는 '인'의 실천 방법으로 '효孝'·'제悌'·'충忠'·'서恕'·'예禮'·'악樂'을 제시했다.

제6편

안분安分

편한 마음으로 분수를 지키라

이 편은 모두 7장으로 구성되어 있으며 주로 편한 마음으로 분수를 지키라는 내용의 글로 이루어져 있다. 행복은 어디에서 오는가? 부와 명예에서 오는 것일까? 하지만 부와 명예를 갈구하는 끊임없는 욕망은 우리를 불행으로 이끈다. 자신에게 맞는 삶을 살고 조금씩 노력하다 보면 어느덧 행복에 이를 것이다. 즉 행복이란 물질과 지위의 문제가 아니라 바로 자신의 마음에 달린 것이다. 하지만 사람들은 늘 현재 생활에 만족하지 않고 더 풍족한 삶을 구하려 한다.《논어》에는 공자가 안회를 칭찬한 대목이 많은데 그중 하나를 한번 읽어보자.

"어질구나 회(안회)여! 한 통의 대나무 밥과 한 표주박의 마실거리를 가지고 누추한 골목에 살면서도, 다른 이들은 그 근심을 견디지 못하는데 회는 그 즐거움을 바꾸려 하지 않으니, 어질구나, 회여!(賢哉回也! 一簞食, 一瓢飮, 在陋巷, 人不堪其憂, 回也不改其樂. 賢哉回也!)"(《논어》〈옹야雍也〉)

공자가 생각하기에 군자의 즐거움은 천명을 실천하는 데 있고, 소인의 즐거움은 욕망을 충족하는 데 있다. 그러므로 소인은 의식주 문제에 매달리지만, 군자는 물질에 휘둘리지 않고 자유롭다. 또 소인은 궁하면 아무 짓이나 하지만 군자는 어려움을 견디며 굳세게 버틴다. 학문을 좋아하는 안회는 안빈낙도를 즐기며 안분을 지켰으므로 공자는 이처럼 높은 평가를 내린 것이다.

"화막대어부지족禍莫大於不知足"이란 말이 있다. 무리한 욕심이 화를 부른다는 뜻이다. 여기서 '지족知足'이란 자신의 분수를 알고 정해진 사안에 만족한다는 의미로,《한비자》〈유로喩老〉 편에 나온다.

1. 즐거움과 근심

《경행록》에서 이른다.

"만족할 줄 알면 즐거울 것이고, 탐욕에 힘쓰면 근심하게 된다."

景行錄云: "知足可樂, 務貪則憂."

2. 만족의 효능

만족할 줄 아는 사람은 가난하고 지위가 낮아도 즐겁고, 만족할 줄 모르는 사람은 돈 많고 신분이 높아도 근심하게 된다.[1)]

知足者, 貧賤亦樂, 不知足者, 富貴亦憂.

---

1) 득롱망촉得隴望蜀이란 말이 있다. 농 땅을 얻자 촉나라를 바란다는 뜻으로, 인간의 끝없는 욕심을 비유한다. 망촉지탄望蜀之嘆이라고도 하는데 이 구절과 어울린다. 관련 내용을 좀 더 살펴보자. 《후한서後漢書》〈잠팽전岑彭傳〉에 나오는 말이다. 후한을 세운 광무제 유수가 천하통일의 대업을 이룰 무렵, 당시 세력가들은 대부분 유수에게 귀순했지만 농서 땅의 외효隗囂와 촉 땅의 공손술만은 강력히 저항했다. 유수의 신하들은 이 두 곳을 당장 토벌하자고 건의했으나, 유수는 병사들에게 휴식이 필요할 뿐만 아니라 언젠가는 자기 손에 들어오리라는 확신이 있으므로 고개를 가로저었다. 얼마 뒤 외효가 질병으로 죽자 아들 외구순隗寇恂은 유수에게 항복했다. 그러므로 유수의 수하로 들어오지 않은 것은 촉 땅뿐이었다. 이때 유수가 말했다. "인간은 만족할 줄 모른다고 하던데, 이미 농 땅을 얻고 나니 다시 촉 땅까지 바라게 되는구나(人若不知足, 旣平隴, 復望蜀)." 4년 뒤에 대장군 잠팽岑彭을 거느린 유수는 촉 땅을 토벌하여 전국을 평정하고 제국의 기초를 굳게 다졌다.

3. 지나침을 경계하라

[분수에] 넘치는 생각은 한갓 정신을 상하게 하고, 함부로 한 행동은 도리어 재앙에 이른다.[2)]

濫[3)]想徒傷神, 妄動反致禍.

4. 평생 추구할 것

만족할 줄 알아 늘 만족하면, 죽을 때까지 늘 욕되지 않고, 그칠 줄 알아 늘 그치면, 죽을 때까지 부끄러움이 없을 것이다.[4)]

知足常足, 終身不辱, 知止常止, 終身無恥.

---

2) '반문농부班門弄斧'란 말이 있다. 자신보다 실력이 현저히 앞선 대가 앞에서 분수도 모르고 잘난 체한다는 뜻이다. 옛날 노반魯班이라는 이는 도끼를 다루는 데 뛰어난 재주가 있었다. 그러니 노반의 집 대문 앞에서 도끼를 가지고 장난치는 일은 우습고 한심스러운 일이 아닐 수 없었다. 당나라 시인 유종원柳宗元은 〈왕씨백중창화시서王氏伯仲唱和詩序〉라는 글에서 이 말을 인용했다. "반씨와 영씨의 문에서 도끼를 다루니 이는 낯 두꺼운 일일 뿐이다〔操斧於班楚之門, 斯强顔而〕." 좀 더 부연하면, 명나라 때 시인 매지환梅之煥은 당나라 시인 이백李白이 만년에 유람하던 채석강采石江에 갔다. 이백이 술을 마시다가 물에 비친 맑고 고운 달을 보고는 달을 잡겠다고 물속에 뛰어들어 신선이 되었다는 전설이 남아 있는 곳이었다. 주변을 돌아보니 이백의 묘와 적선루謫仙樓 등 적잖은 명승고적이 있었다. 이날 매지환은 이백의 묘비에 많은 시문이 쓰여 있자 일필휘지하여 〈제이백묘題李白墓〉라는 시 한 수를 썼다.

"채석강가에 한 무더기 흙이 있는데〔采石江邊一堆土〕
이백의 이름은 천고에 드높다〔李白之名高千古〕.
이리저리 왔다 갔다 하며 시 한 수를 지으니〔來來往往一首詩〕
노반의 문 앞에서 큰 도끼를 휘두르는 것 같구나〔魯班門前弄大斧〕."

3) 물〔水〕과 사람이 누워〔臥〕 그릇〔皿〕을 들여다보는 거울〔監〕이라는 합성자로 넘친다는 뜻이다.

4) 《도덕경》 44장에 나오는 말이다. 만족할 줄 알고, 멈출 때를 알아 적당한 선에서 자신을 돌아보는 삶의 태도를 유지하라는 말이다. 무슨 일을 하든지 의욕만 앞서거나 더 가지려고 들면 도리어 일을 그르칠 수도 있다.

5. 겸손

《서경》[5)]에서 말했다.

"자만하면 손해를 부르고, 겸손하면 이익을 받게 된다."[6)]

書曰: "滿招損, 謙受益."

6. 인간 세상을 벗어나는 법

《격양시擊壤詩》[7)]에서 말했다.

"분수에 편안해하면 몸에 욕됨이 없고, 기미를 알면 마음이 저절로 한가하다.

인간 세상에 산다고 하더라도 오히려 인간 세상을 벗어나는 것이다."[8)]

擊壤詩曰: "安分身無辱, 知機心自閒, 雖居人世上, 却是出人間."

---

5) 중국의 요순堯舜 시절부터 주周나라에 이르기까지 일어난 일들을 기록한 책이다.

6) 《서경》 〈대우모大禹謨〉 편에 나오는 구절이다. "병에 가득 찬 물은 저어도 소리가 안 난다"고 했다. 정말 아는 것이 많은 사람은 겸손하여 티를 내지 않는다는 의미다. 자만이 고개를 들 때 내가 가진 병이 물로 가득 차 있는지를 생각해볼 일이다.

7) 송나라 강절康節 소옹邵雍이 지은 시 모음으로 요임금 시대의 태평성대를 노래한 동명의 〈격양시〉에서 나온 말이다. 원래의 책 제목은 《이천격양집伊川擊壤集》이다.

8) 자신도 모르게 인간 세상에서 허우적대다 보니 빠져나오기가 쉽지 않다. 방법은 여기 있다. 안빈낙도安貧樂道, 안분지족安分知足, 빈이무원貧而無怨, 단사표음簞食瓢飮, 단표누항簞瓢陋巷 등이 바로 이런 분수와 관련된 성어이다.

7. 그 지위에서 논하라

공자가 말했다.

"그 직위에 있지 않으면 그 [해당되는] 정무를 논의하지 않는다."

子曰: "不在其位, 不謀其政."[9]

9) 《논어》〈태백泰伯〉 편에 나오는 구절이다.

제7편

존심存心

마음을 보존하라

마음을 보존하라는 말은 철저한 자기관리를 통해 주변의 풍파를 견뎌내는 힘을 기르라는 뜻으로, 이 편에서는 일관되게 마음을 통제하고 늘 평정심을 유지할 것을 촉구한다. 만사 마음먹기에 달려 있다는 말이다. 이 편은 모두 20장으로 구성되어 있으며, '존심存心'이란 말은 유가 경전인《맹자》에 나오는데, 바로 이 대목이다.

"그 본성을 아는 것이 하늘을 아는 것이다. 그 마음을 보존하여 그 본성을 기르는 것은 하늘을 섬기는 까닭이다(知其性則知天矣 存其心養其性 所以事天也)."(《맹자》〈진심盡心〉)

여섯 가지 후회할 만한 일을 경계한 글이라는 뜻의 〈육회명〉에는 이런 말이 있다. "벼슬아치가 사사롭고 왜곡된 일을 행하면 벼슬을 잃을 때 후회하고 부자가 검소하지 않으면 가난해졌을 때 뉘우치게 된다. 기예란 젊었을 때 배우지 않으면 시기를 넘기고서 후회하고 일을 보고 배우지 않으면 필요하게 되었을 때 후회한다."

이처럼 관직에 있을 때, 부유할 때, 젊을 때, 일을 할 때 마음을 잘 다스려 정도를 걸으면 후회할 일이 없을 것이다.

1. 몸가짐

《경행록》에서 이른다.

"밀실에 앉았더라도 사방 거리로 통한 것처럼 생각하고, 작은 마음을 통제하기를 마치 육마六馬(여섯 필의 말이 끄는 천자의 수레) 부리듯 하면 허물을 피할 수 있다."[1]

景行錄云: "坐密室, 如通衢, 馭寸心, 如六馬, 可免過."

2. 지혜로 안 되는 것

《격양시》에서 이른다.

"부귀를 지혜의 힘으로 구할 수 있다면 중니仲尼(공자)[2]는 젊어서 제후에 봉해졌을 것이다. 세상 사람들은 저 푸른 하늘의 뜻을 알지 못하고 헛되이 몸과 마음을 한밤중까지 근심하게 한다."[3]

擊壤詩云: "富貴如將智力求, 仲尼年少合封侯. 世人不解靑天意, 空使身心半夜愁."

---

1) 늘 몸가짐을 단정히 하고, 남이 보지 않는 곳에서 철저히 자기 자신을 관리하라는 뜻이다.

2) 공자의 자인데 《논어》에도 꽤 드물게 '중니'란 말을 사용한 예가 보인다. "위나라 공손조가 자공에게 물었다. '중니(공자)는 어떻게 배웠습니까?' 자공이 [공자를 변호하여] 말했다. '문왕과 무왕의 도가 [이] 땅에서 떨어지지 않고 사람들에게 남아 있습니다. 현명한 자는 그중에서 큰 것을 기억하고, 현명하지 못한 사람은 그중에서 작은 것을 기억하고 있으니 문왕과 무왕의 도가 없는 곳이 없습니다. 선생님께서 어찌 배우지 않았겠습니까? 또한 어찌 일정한 스승이 있어야 했겠습니까(衛公孫朝問於子貢曰: 仲尼焉學. 子貢曰: 文武之道, 未墜於地, 在人. 賢者識其大者, 不賢者識其小者. 莫不有文武之道焉. 夫子焉不學, 而亦何常師之有)?'"(《논어》〈자장子張〉)

3) 부귀는 운명에 달렸는데, 부질없이 그것만 좇다 보면 결국 정신만 괴롭다는 의미이다. 분수를 망각하면 종국에는 파멸을 부를 수도 있다. 그래서 부귀재천이란 말이 있는 것이다.

3. 미루어 생각하라

범충선공[4]이 자제를 훈계하여 말했다.

"사람이 비록 지극히 어리석어도 다른 사람을 꾸짖는 데는 밝고, 비록 총명하더라도 자신을 용서하는 데는 어둡다. 너희들은 그저 마땅히 다른 사람을 꾸짖는 마음으로 자신을 꾸짖고, 자신을 용서하는 마음으로 다른 사람을 용서하거라. [그렇게 하면] 성현의 경지에 이르지 못할까 근심하지 않아도 된다."[5]

范忠宣公戒子弟曰: "人雖至愚, 責人則明, 雖有聰明, 恕己則昏, 爾曹但當以責人之心責己, 恕己之心恕人, 則不患不到聖賢地位也."

4. 우직함과 양보

공자가 말했다.

"총명하고 생각이 밝아도 우직함으로써 그것을 지키고, 공로가 천하를 덮을 만하더라도 양보함으로써 그것을 지켜라. 용맹스런 힘을 세상에 떨칠지라도 겁냄으로써 그것을 지키고, 부유하여 온 천하를 갖고 있더라도 겸손으로써 그것을 지켜야 한다."

---

4) 이름은 순인純仁이고 자는 요부堯夫이다. 인종仁宗 때의 유명한 시인이요 재상인 범중엄范仲淹의 둘째 아들이다. 충선은 시호이다. 그는 북송 철종 때의 이름난 재상이었다. 왕안석王安石의 신법新法을 공격하는 소를 올려 그의 미움을 사기도 했다. 범충선공의 전기는 《송사宋史》에 있다.

5) 추기급인推己及人이란 말이 있다. 내 마음을 미루어 남을 이해할 필요가 있다. 성인이니 현인이니 하는 분들은, 모두 다른 사람의 허물보다 자신의 허물을 미리 보아 엄격하게 관리한 이들이다.

子曰: "聰明思睿, 守之以愚, 功被天下, 守之以讓, 勇力振世, 守之以怯, 富有四海, 守之以謙."[6)]

5. 초심 유지

《소서》[7)]에서 이른다.

"조금 베풀고 두텁게 바라는 사람은 되갚음이 없고, 귀하게 되었다고 해서 비천했을 때를 잊는 자는 오래가지 못한다."

素書云: "薄施厚望者不報, 貴而忘賤者不久."

6. 생색내지 말라

은혜를 베풀었으면 보답을 구하지 말고,[8)] 남에게 주었거든 [준 것을]

---

6) 《공자가어》〈삼서三恕〉 편에 나오는 말이다. 이처럼 총명함은 자만심을 갖는 순간 흐릿해지고, 아무리 많은 공을 세웠을지라도 그것을 내세우면 다른 사람들이 시기하게 마련이다. 용기와 힘을 자랑하면 늘 실수가 뒤따르고 부유하다고 돈을 물 쓰듯 하면 언젠가는 창고의 바닥이 드러난다.

7) 이 책은 진秦나라 황석공黃石公이 지었다고 전해지며 송나라의 장상영張商英이 주석을 달아 알려지게 되었다. 주로 도가의 시각에서 강함보다는 부드러움을 강조한 병서다.

8) 타인에게 물질적인 도움을 주었다고 해서 상대편에 그에 걸맞은 보상을 바라는 것은 바람직하지 않다는 말이다. 이 구절은 《채근담》 52장의 다음 구절과 비교해서 읽어볼 만하다. "은혜를 베푼 사람은 안으로는 자신을 보지 말고, 밖으로는 남을 보지 않는다면 한 말의 곡식이 만 섬의 은혜로 된다. 재물로 남을 이롭게 하는 사람이 자신이 베푼 것을 계산하고 상대방이 보답해주기를 요구한다면, 비록 백일(百鎰: 2천 냥)의 돈으로도 한 푼의 공도 이루기 어렵다(施恩者, 內不見己, 外不見人, 則斗粟可當萬鍾之惠. 利物者, 計己之施, 責人之報, 則百鎰難成一文之功)."

뉘우침을 추구하지 말라.

施恩勿求報, 與人勿追悔.

7. 담력과 마음가짐

손사막孫思邈[9]이 말했다.

"담력은 크고자 하되 마음가짐은 작게 하고자 하며, 지혜는 원만하게 하되 행동은 바르게 하고자 한다."[10]

孫思邈曰: "膽欲大而心欲小, 知欲圓而行欲方."

8. 조심

생각하는 것마다 싸움터에 나가는 날처럼 해야 하고, 어떤 마음을 먹을 때마다 항상 외나무다리를 지나갈 때처럼 하라.[11]

念念要如臨戰日, 心心常似過橋時.

---

9) 당唐나라 사람으로 노장 사상을 비롯하여 제자백가의 학설에 정통했고, 음양학과 의학 방면에도 두루 통했다고 알려져 있다. 유명한 의사로서 재야에서 활동했다.

10) 어느 쪽에도 치우치지 않는 중도의 마음가짐을 갖추라는 것이다. 모든 일에 극단이 아닌 중도를 취하는 것이 정돈된 삶의 자세이다.

11) '돌다리도 두드려보고 건너라'라는 말이 있듯이 늘 어떤 사안에 긴장하고 대비해야 뜻밖의 일이 닥쳤을 때 잘 대처할 수 있다. 기우杞憂는 버려야겠지만 준비하는 자세는 꼭 필요하다.

9. 공사의 분명함

법을 두려워하면 아침마다 즐거우나, 공적인 일을 속이면 날마다 걱정한다.

懼法朝朝樂, 欺公日日憂.

10. 입조심

주문공(주희)이 말했다.

"입 지키기를 병마개같이 하고, 생각 막기를 성벽같이 하라."[12)]

朱文公曰: "守口如瓶, 防意如城."

11. 얼굴에 나타난다

마음속으로 다른 사람을 저버리지 않았으면 얼굴에 부끄러운 기색이 없게 된다.[13)]

心不負人, 面無慙色.

---

12) 남아일언중천금이란 말이 있다. 입이 모든 화의 근원이라고 했듯이, 한번 뱉어낸 말에는 반드시 책임이 뒤따른다. 말을 쉽게 하면 책임을 다하지 못하고 잘못 뱉어낸 말은 재앙과 근심을 부른다. 그렇기에 사람은 언제 어디에서나 말을 조심해야 한다.

13) 원문의 "부負"는 "저버리다"는 뜻이고 "인人"은 "다른 사람"을 의미한다. 곧 다른 사람을 저버리지 않으면 얼굴 붉힐 일이 없다는 것이다. 무엇이 다른 사람을 저버리는 일인가? 쉽게 말해 남을 속이고 이익을 취하거나, 다른 사람에게 갈 것을 내가 가로채는 일 따위를 말한다.

12. 천년지계의 어리석음

사람은 백 살을 사는 사람이 없건만 부질없이 천 년의 계획을 세운다.

人無百歲人, 枉作千年計.

13. 후회를 막는 여섯 가지

구래공寇萊公[14]의 〈육회명〉(여섯 가지 후회할 만한 일을 경계한 글)에서 이른다.

"벼슬아치가 사사롭고 왜곡된 일을 행하면 [벼슬을] 잃을 때 후회하고, 부자가 검소하게 쓰지 않으면 가난해졌을 때 뉘우치게 된다.

기예란 젊었을 때 배우지 않으면 시기를 넘기고서 후회하고, 일을 보고 배우지 않으면 필요하게 되었을 때 후회한다.

술 취한 뒤에 함부로 말하면 깨어났을 때 후회하고, 편안할 때 휴식을 취하지 않으면 병들었을 때 후회한다."

寇萊公六悔銘云: "官行私曲失時悔, 富不儉用貧時悔, 藝不少學過時悔, 見事不學用時悔, 醉後狂言醒時悔, 安不將息病時悔."

---

14) 송나라 때 사람 구준寇準으로 자는 평중平仲이다. 화주華州 하규下邽(산시성 웨이난渭南) 사람이다. 19세의 나이로 진사에 급제했다. 구준은 임포林逋와 함께 거론되는 시인으로서 비애에 집착했다. 구준의 사생활은 당나라 대관들과 매우 흡사했고, 시풍 역시 상당히 호사스러운 분위기를 풍긴다.

14. 최상의 가치

《익지서》에서 이른다.

"차라리 사고 없이 집이 가난할지언정, 사고가 있으면서 집이 부유하지 말 것이요,

차라리 사고 없이 초가에 살지언정, 사고가 있으면서 좋은 집에 살지 말 것이요,

차라리 병 없이 거친 밥을 먹을지언정, 병치레하며 좋은 약을 먹지 말 것이다."

益智書云: "寧無事而家貧, 莫有事而家富, 寧無事而住茅屋, 不有事而住金屋. 寧無病而食麤飯, 不有病而服良藥."

15. 안정

마음이 편안하면 초가집도 평온하고, 성품이 안정되면 나물국도 향기롭다.

心安茅屋穩, 性定菜羹香.

16. 자신에게 엄격하라

《경행록》에서 이른다.

"다른 사람을 꾸짖는 자는 사귐을 온전히 할 수 없고, 스스로 용서하는 자는 허물을 고치지 못한다."[15)]

景行錄云: "責人者不全交, 自恕者不改過."

17. 알아주는 자는 있다

이른 아침에 일어나 밤에 잠들 때까지 충성과 효도만을 생각하는 자는 다른 사람이 알아주지 않아도[16)] 하늘이 반드시 그를 알아줄 것이다.

배불리 먹고 따뜻하게 옷을 입고서 편안하게 스스로를 보호하는 자는 몸은 비록 편안하나 자손들에게는 어찌하겠는가.

夙興夜寐, 所思忠孝者, 人不知, 天必知之. 飽食煖衣, 怡然自衛者, 身雖安, 其如子孫何.

---

15) 자공이 공자를 변호하여 한 말을 떠올릴 만하다. "군자의 허물은 마치 일식, 월식과 같다. 허물이 있으면 사람들이 모두 그것을 보고, 고쳤을 때에는 사람들이 모두 그것을 우러러본다(君子之過也, 如日月之食焉. 過也人皆見之, 更也人皆仰之)."(《논어》〈자장〉)

16) 《논어》〈학이〉 편 첫머리에 나오는 "남이 [나를] 알아주지 않아도 노여워하지 않으면 또한 군자답지 않은가(人不知而不慍, 不亦君子乎)?"와 같은 편의 마지막에 나오는 "남이 자기를 알아주지 않는 것을 근심하지 말고, [자기가] 남을 알지 못하는 것을 근심하라(不患人之不己知, 患不知人也)"를 떠올리게 한다. 세상에 이름을 알리는 것은 지식인이라면 누구나 원하는 것이다. 공자도 자신을 알아줄 군주를 찾아 오랜 세월 열국을 주유하기도 했다. 어쩌면 이 말은 공자가 스스로를 경계하기 위하여 속으로 다짐하곤 했던 말인지도 모른다.

18. 역지사지

아내와 자식을 사랑하는 마음으로 어버이를 섬긴다면 그 효도를 극진히 할 수 있고, 부귀를 보전하려는 마음으로 임금을 받든다면 어디를 가더라도 충성스럽지 않음이 없을 것이다.

다른 사람을 꾸짖는 마음으로 자신을 꾸짖으면 허물을 적게 할 것이요, 자기를 용서하는 마음으로 다른 사람을 용서한다면 사귐을 온전히 할 수 있다.[17)]

以愛妻子之心, 事親則曲盡其孝, 以保富貴之心, 奉君則無往不忠. 以責人之心, 責己則寡過, 以恕己之心, 恕人則全交.

19. 이익만을 도모하지 말라

네가 도모한 것이 옳지 않으면 후회한들 어떻게 되돌릴 것이며, 너의 견해가 바르지 못하면 가르친들 무엇이 이롭겠는가.

이익을 생각하는 마음[18)]만으로 임하면 도리에 위배될 것이고, 사

---

17) 모든 것이 상대적이다. 입장을 바꿔 생각해보면 모든 일은 의외로 쉽게 풀린다. 세상사가 그렇다.

18) 《맹자》의 〈양혜왕梁惠王〉 편에 의하면, "노인장께서 천리를 멀다 하지 않고 오셨는데 어떻게 우리나라를 이롭게 하시겠습니까?"라고 묻자 맹자는 이렇게 대답했다. "왕께서는 어째서 이익을 말하십니까? 역시 인과 의가 있을 뿐입니다(王何必曰利, 亦有仁義而已矣)." 전국시대 중기에 접어들었을 때 제후들은 오직 정벌 전쟁으로 천하를 경영하겠다는 야심을 품어 명리名利만을 추구하고 오직 '이익(利)'만을 도모했다. 그러니 형제간에도 반목과 질시가 판을 치고 아들이 아버지를 버리고 신하 역시 군주를 돌아보지도 않았으며 약육강식과 혼란이 동탕動蕩할 뿐이었다. 이런 사회 현실을 바꾸려 한 사람의 일성이 바로 인의仁義였던 것이다. 맹자의 논지는 "선의후리先義後利"해야만 비로소 치국평천하治國平天下로 들어설 수 있다는 것이다.

사로운 생각만 확고하면 공적인 일을 망치게 된다.

爾謀不藏, 悔之何及, 爾見不長, 敎之何益. 利心專則背道, 私意確則滅公.

20. 일을 줄여라

일을 만들면 일이 생기고 일을 덜면 일이 덜어진다.

生事事生, 省事事省.

제8편

계성戒性

성품을 경계하라

이 편은 맹자의 성선설을 전제로 하고 있다. 여기서 성性이란 사람이 하늘로부터 부여받은 본연의 성품을 말한다. 그런데 얼핏 보기에 성품을 경계하라는 제목이 낯설게 다가온다. 왜 성품을 경계하란 말인가? 그것은 우리 인간의 심성에 선함과 악함이 함께 있기 때문이다. 그래서 사람에게 선행을 강요할 수 없으니 악에 흐르지 않도록 자제할 필요가 있다는 것이 이 편의 핵심이다.

무엇보다 자신을 내세우기보다는 굽히는 사람이 중요한 지위에 오를 수 있다는 가르침 역시 유가 수신관에 기초하며, 남을 이기기를 좋아하면 적을 만나게 된다는 말 역시 시대착오적 훈계라 여기지 말고 늘 조심하며 삼가라는 뜻으로 받아들이면 좋다. 말미에 나오는 "모든 일이란 인정을 남겨두어야 훗날에 좋은 얼굴로 만나게 된다"는 말은 소박하지만 차 한잔처럼 따뜻한 울림을 전해준다.

한 치의 여유도 없이 각박하게 살다 보면 사람과 사람을 맺어주는 인정을 잊어버리기 십상이기 때문이다. 직장이나 동네에서 만나고 어우러지는 사람들이 살벌한 경쟁자뿐이라면 삶 자체가 지옥일 것이다. 이처럼 〈계성〉 편은 인간의 성품을 예법으로 제어하는 덕목과 늘 인내하며 살아가는 자세를 강조하고 있다.

1. 성품을 바로잡지 않으면

《경행록》에서 이른다.

"사람의 성품은 물과 같아 물이 한번 기울어지면 되돌릴 수 없고, 성품이 한번 흐트러지면 돌이킬 수 없다.

물을 다스리는 자는 반드시 제방을 쌓아야 하고, 성품을 제어하는 자는 반드시 예법으로 해야만 한다."

景行錄云: "人性如水, 水一傾則不可復, 性一縱則不可反, 制水者, 必以堤防, 制性者, 必以禮法."

2. 한때의 울분

한때의 울분을 참아내면 백 날 동안의 걱정을 피할 수 있다.[1)]

忍一時之憤, 免百日之憂.

3. 참고 삼가라

참을 수 있으면 또 참고, 삼갈 수 있으면 또 삼가라. 참지 못하고 삼가지 않으면 사소한 일이 큰일이 된다.[2)]

得忍且忍, 得戒且戒. 不忍不戒, 小事成大.

---

1) 이 구절을《채근담》168장과 함께 읽으면 좋을 듯하다. "내가 겪고 있는 곤궁함과 치욕은 마땅히 참아야 하나, 다른 사람에게 있으면 가히 참을 수 없어야 한다(己之困辱當忍, 而在人則不可忍)."

4. 시비를 가리지 말라

어리석고 흐리멍덩한 자가 화내는 것은 다 이치에 통하지 못하기 때문이다.

마음 위에 불길을 더하지 말고 다만 귓가의 바람으로 삼아라.

장점과 단점은 집집마다 있고 따뜻하고 서늘한 것은 곳곳마다 마찬가지이다.

옳고 그름이란 서로 간에 실상이 없어서 결국 모두 텅 빈 것이 되느니라.

愚濁生嗔怒, 皆因理不通. 休添心上火, 只作耳邊風. 長短家家有, 炎凉處處同. 是非無相實, 究竟摠成空.

5. 참는 것이 제일

자장[3]이 길을 떠나려고 하여 선생님(공자)에게 사직하면서 여쭈었다.

"원컨대 몸을 수양하는 아름다움을 위해 한 말씀 해주십시오."

공자가 말했다.

"모든 행실의 근본은 참는 것이 제일이니라."[4]

---

2) 《논어》〈위령공〉 편의 "사소한 일을 참지 못하면 원대한 계책을 그르치게 된다(小不忍則亂大謀)"와 같은 맥락의 글이다.

3) 전손사顓孫師의 자이며, 공자보다 48세나 적었다. 공자는 "내가 전손사를 얻고 나서부터 앞에도 빛이 있고 뒤에도 빛이 있었다"라고 하면서 그를 안회·중유·단목사 등과 나란히 두었다. 공문십철에는 자장이 들어가지 않는다.

자장이 여쭈었다.

"어떻게 참아야 합니까?"

공자가 말했다.

"천자가 참으면 나라에 해로움이 없게 되고, 제후가 참으면 [다스리는 땅이] 커질 것이고, 벼슬아치가 참으면 그 지위가 올라갈 것이며, 형제가 참으면 집안이 부귀해질 것이고, 부부[5]가 참으면 평생을 함께할 수 있으며, 친구끼리 참으면 명예가 없어지지 않고, 자신이 참으면 재앙이 없게 될 것이다."

子張欲行, 辭於夫子, 願賜一言, 爲修身之美. 子曰: "百行之本, 忍之爲上" 子張曰: "何爲忍之" 子曰: "天子忍之, 國無害, 諸侯忍之, 成其大, 官吏忍之, 進其位, 兄弟忍之, 家富貴, 夫妻忍之, 終其世, 朋友忍之, 名不廢, 自身忍之, 無禍害."

6. 참지 않으면 사람도 아니다

자장이 여쭈었다.

"참지 않으면 어떻게 됩니까?"

---

4) 공자의 이 말은 공자가 계씨를 두고 한 저 유명한 말을 떠올리게 한다. "팔일무八佾舞를 뜰에서 추게 했으니, 이것을 참을 수 있다면 무엇인들 참아낼 수 없을까〔八佾舞於庭, 是可忍也, 孰不可忍也〕?"(《논어》〈팔일〉) 팔일무란 예순네 명이 가로와 세로 여덟 줄로 서서 추는 춤으로 천자에게만 허용되는 의식이다. 공자는 계씨가 팔일무를 추게 한 것을 제 분수를 모르는 짓이자, 사회질서를 어지럽히는 행위로 보았다. 계씨의 분에 넘치는 세도를 호되게 비판하면서 상하 질서의 붕괴 현상을 강력히 비판한 것이다.

5) 《중용》 제12장에 보면 "군자의 도는 부부에게서 단서를 만드니, 그 지극함에 미쳐서는 하늘과 땅에서 드러나게 되느니라〔君子之道, 造端乎夫婦 ; 及其至也, 察乎天地〕"라는 말이 나온다. 그래서 부부지도夫婦之道는 인륜지시人倫之始이다. 천지만물의 시작이 부부로부터 비롯한다는 말이다.

공자가 말했다.

"천자가 참지 않으면 나라가 텅 비게 될 것이고, 제후가 참지 않으면 그 몸뚱어리를 잃게 될 것이며, 벼슬아치가 참지 않으면 형법에 의해 주살될 것이며, 형제가 참지 않으면 각자 헤어져서 살게 되고, 부부가 참지 않으면 자식을 외롭게 하게 되고, 친구끼리 참지 않으면 정과 뜻이 성글어지고, 자신이 참지 않으면 근심이 없어지지 않는다."

자장이 말했다.

"참 좋은 말씀이구나. 참는 것은 어렵고도 어려우니, 사람이 아니면 참지 못할 것이요, 참지 못하면 사람이 아니구나."

子張曰: "不忍則如何." 子曰: "天子不忍, 國空虛, 諸侯不忍, 喪其軀, 官吏不忍, 刑法誅, 兄弟不忍, 各分居, 夫妻不忍, 令子孤, 朋友不忍, 情意疏, 自身不忍, 患不除." 子張曰: "善哉善哉, 難忍難忍, 非人不忍, 不忍非人."

7. 굽힘

《경행록》에서 이른다.

"자기를 굽히는 자는 중요한 자리를 차지할 수 있지만, 이기기를 좋아하는 자는 반드시 적을 만나게 된다."

景行錄云: "屈己者能處重, 好勝者必遇敵."

8. 누워 침 뱉기

악한 사람이 선한 사람을 욕하거든 선한 사람은 끝까지 대꾸하지 말라. 대꾸하지 않으면 마음이 맑고 한가할 것이니, 욕하는 사람만 입이 뜨겁게 끓어오른다. 바로 사람이 하늘에 침을 뱉는 것과 같아서 도로 자기 몸에 떨어지게 된다.

惡人罵善人, 善人摠不對. 不對心淸閑, 罵者口熱沸. 正如人唾天, 還從己身墜.

9. 무대응

내가 만약 다른 사람에게 욕을 먹더라도 거짓으로 귀먹은 것처럼 하고 [시비를] 가려서 말하지 말라. 비유하자면 불이 허공에서 타다가 끄지 않아도 자연스럽게 사그라지는 것과 같다. 내 마음은 텅 빈 것 같거늘, 늘 상대만 입술과 혀를 엎치락뒤치락한다.

我若被人罵, 佯聾不分說. 譬如火燒空, 不救自然滅. 我心等虛空, 摠爾飜脣舌.

10. 주고받는 정

모든 일이란 인정을 남겨두어야 훗날에 좋은 얼굴로 만나게 된다.

凡事留人情, 後來好相見.

제9편

근학勤學

부지런히 배우라

이 편에서는 사람이 배우면 배울수록 사물의 이치를 알게 되고 인간의 도리를 갖추게 된다고 말한다. 《논어》 첫머리에서도 "배우고 때때로 그것을 익히면 이 또한 기쁘지 않은가(學而時習之, 不亦說乎)?"라고 했듯이 배움이란 벼슬이나 권력을 차지하기 위한 도구가 아니며 소탈한 마음 자세에서 우러나오는 것이라는 점을 강조했다. 태공은 이렇게 말했다. "사람이 태어나 배우지 않으면 어두운 밤길을 걷는 것과 같다." 어두운 밤길을 인도해주는 작은 불빛 하나 없이 걷노라면 얼마나 험난한 장애물과 늪을 만나게 될지 모를 일이다. 필경에는 걸려 넘어지고 결코 헤어나지 못할 구렁텅이에 빠지고 말 것이다. 전통시대와 달리 오늘날은 변화가 극심하여 불과 5년, 10년 후의 일도 예측하기 어렵다. 지식의 유통기한이 갈수록 짧아지는 세태라 지난 성취에 안주해 배움을 게을리하면 누구라도 막막한 어려움에 직면하게 될 것이다. 배움을 추구하지 않는 무지의 삶은 무장하지 않고 전장에 나가는 것이나 다름없다. 또 한편 배웠다 하여 허명을 추구하지 말 것이며, 혼란한 시대에 처할수록 자신을 잘 다스리고 배움에 힘쓰는 자세가 요망된다.

1. 널리 배우라

공자가 말했다.[1)]

"널리 배우고 뜻을 돈독히 하며, 절실한 것을 묻고 가까운 것에서부터 생각해 나가면, 인仁은 그 가운데 있다."

子曰: "博學而篤志, 切問而近思, 仁在其中矣."

2. 배우면 멀리 보게 된다

장자가 말했다.

"사람이 배우지 않으면 마치 하늘에 오르려 하는데 기술이 없는 것과 같고, 배워서 지혜가 원대해지면 마치 상서로운 구름을 헤치고 푸른 하늘을 바라보는 것과, 높은 산에 올라 온 세상을 바라보는 것과 같다."

莊子曰: "人之不學, 如登天而無術, 學而智遠, 如披祥雲而覩青天, 登高山而望四海."[2)]

---

1) 이 말은《논어》〈자장〉 편에 나오는데, 공자의 제자 자하의 말로 되어 있어 "자하가 말했다"라고 수정해야 한다. '박학'에 대한 공자의 말은《논어》의 다른 곳에도 나온다. "군자가 글(넓은 의미의 학문)을 널리 배우고, 예로써 단속한다면, 또한 [도리에] 어긋나지 않을 수 있을 것이다(君子博學於文, 約之以禮, 亦可以弗畔矣夫)."(〈옹야雍也〉) 학문을 통해 지식과 지혜를 기르고 이것을 예라는 규범으로 적절히 규제한다는 방침은 이 시대에도 여전히 유용하다.

2) 이 글은 실제로는《장자》에 보이지 않는데, 배워서 지혜를 넓히는 일의 중요성을 강조하고 있다. 오히려 이 글은 "배우기만 하고 생각하지 않으면 미혹되고, 생각하기만 하고 배우지 않으면 위태롭다(學而不思則罔, 思而不學則殆)"(《논어》〈위정爲政〉)는 말을 떠올리게 한다.

3. 절차탁마

《예기》에서 말했다.

"옥은 다듬지 않으면 그릇이 되지 못하고, 사람은 배우지 않으면 도의를 알지 못한다."[3)]

禮記曰: "玉不琢, 不成器, 人不學, 不知義."

4. 배우지 않으면

태공이 말했다.

"사람이 태어나 배우지 않으면 마치 어두운 밤길을 걷는 것과 같다."[4)]

太公曰: "人生不學, 如冥冥夜行."

5. 고금의 이치

한문공韓文公[5)]이 말했다.

"사람이 고금의 이치에 통달하지 못하면 소와 말에 옷을 입힌 것

---

3) 배워야만 사람의 도리를 깨달을 수 있고, 사람이 가야 할 바른길을 간다고 강조한 것이다.

4) 사람이 배우지 않으면 세상 사물의 이치를 알지 못하기에 아무런 좌표도 없이 헤매며 살아간다는 의미다.

5) 당나라 때의 유학자요 고문운동가로서, 이름은 유愈, 자는 퇴지退之이며 시호는 문文이다. 이른바 당송팔대가唐宋八大家의 한 사람으로 유종원柳宗元과 절친한 친구 사이였다.

과 같다."

韓文公曰: "人不通古今, 馬牛而襟裾."

6. 배움과 배우지 않음의 차이

주문공이 말했다.

"집안이 가난하더라도 가난함으로 인하여 배우는 것을 버려서는 안 되고, 집안이 부유하더라도 부유함을 믿고 학문을 게을리해서는 안 된다.

가난한 자가 만약 부지런히 배운다면 몸을 세울 수 있을 것이요, 부유한 자가 만약 부지런히 배운다면 명성이 곧 빛날 것이요.

오직 배운 자가 입신출세하는 것은 보았지만 배운 사람인데도 성취하지 못하는 것은 보지 못했다.

배움이란 곧 몸의 보배요, 배운 사람이란 곧 세상의 보배다.

이 때문에 배우면 곧 군자가 되고 배우지 않으면 소인이 될 것이니 뒷날 배우는 자들은 모름지기 각각 배움에 힘쓸 일이다."

朱文公曰: "家若貧, 不可因貧而廢學. 家若富, 不可恃富而怠學, 貧若勤學, 可以立身, 富若勤學, 名乃光榮, 惟見學者顯達. 不見學者無成, 學者, 乃身之寶, 學者, 乃世之珍. 是故, 學則乃爲君子, 不學則爲小人, 後之學者, 宜各勉之."

7. 늙어 후회하지 않으려면

휘종황제[6]가 말했다.

"배운 사람은 벼와 같고, 배우지 않은 사람은 잡초 같다.

벼와 같은 사람이여, 나라의 좋은 양식이며 세상의 큰 보배다.

잡초 같은 사람이여, 밭 가는 사람이 싫어하고 김매는 사람이 귀찮아하는구나.

뒷날에 [배우지 않아] 담을 마주하듯 뉘우쳐도 이미 늙은 몸이로다."

徽宗皇帝曰: "學者, 如禾如稻, 不學者, 如蒿如草. 如禾如稻兮, 國之精糧, 世之大寶. 如蒿如草兮, 耕者憎嫌, 鋤者煩惱. 他日面墻, 悔之已老."

8. 미치지 못한 것처럼

《논어》에 이른다.

"배울 때는 미치지 못할 것처럼 하며, 그것을 잃어버릴까봐 두려워하듯이 한다."

論語云: "學如不及, 惟恐失之."[7]

---

6) 북송北宋의 제8대 임금으로 25년 동안 재위했다(1100~1125). 이름은 조길趙佶인데 글씨와 그림 등 예술에도 두루 능통했으며 도교를 숭상하여 스스로 '교주도군황제教主道君皇帝'라고 칭했다.

7) 이 문장은《논어》〈태백泰伯〉편에 보인다.

제10편

훈자訓子

자식을 가르치라

이 편에서는 자식을 가르치는 문제, 곧 교육에 대해 말하고 있다. 필독서로 《시경詩經》과 《서경書經》을 들며 반드시 읽어야 한다고 말하고, 재물보다는 참된 지식과 삶의 밑천이 될 기술을 계발하게 하라고 권한다. 또 무엇보다 즐겁고 중요한 일은 글 읽기와 자식 가르치는 일이라고 말하며 교육의 필요성을 강조한다. 더불어 어진 어버이와 형, 엄한 스승과 벗이야말로 천금같이 중요한 존재이며 배움의 기회를 놓치지 말아야 한다고 가르치고 있다. "일이 비록 사소하더라도 하지 않으면 이루지 못할 것이고, 자식이 현명해도 가르치지 않으면 똑똑해지지 않는다"는 장자의 말은 부지런한 실천의 중요성을 다시 생각하게 한다. 아무리 좋은 옥을 구했다 하더라도 자르고 쓸고 쪼고 갈지 않으면 빛을 내지 못하며 온전한 평가를 받을 수도 없는 법이다.

1. 시경과 상서를 가르치라

《경행록》에서 이른다.

"손님이 찾아오지 않으면 집안이 저속해지고, 《시경》과 《상서》를 가르치지 않으면 자손이 어리석게 된다."

景行錄云: "賓客不來, 門戶俗, 詩書無敎, 子孫愚."

2. 가르치라

장자가 말했다.

"일이 비록 사소하더라도 하지 않으면 이루지 못할 것이고, 자식이 비록 현명해도 가르치지 않으면 똑똑해지지 않는다."

莊子曰: "事雖小, 不作不成. 子雖賢, 不敎不明."

3. 황금보다 나은 가르침

《한서》에서 이른다.

"황금이 대나무 상자에 가득 차 있더라도 경서 한 권을 가르치는 것만 못하고,[1] 자식에게 천금을 물려준다 해도 자식에게 재주 하나

1) 이 글은 《한서》 〈위현전韋賢傳〉에 "유자황금만영, 불여일경遺子黃金滿籯, 不如 一經"이라고 나온다. 여기에는 '유자遺子' 두 글자가 빠져 있다. 안사고顔師古는 주석에서 "'영'이란 대나무 그릇으로, 서너 되를 담을 수 있다〔籯竹器受三四斗〕"고 했다.

를 가르치는 것만 못하다."

漢書云: "黃金滿籯, 不如敎子一經, 賜子千金, 不如敎子一藝."

4. 독서와 교육

지극한 즐거움은 책을 읽는 것만 한 것이 없고, 지극히 중요한 것은 자식을 가르치는 것만 한 것이 없다.

至樂, 莫如讀書, 至要, 莫如敎子.

5. 현명한 두 형과 엄한 스승

여형공[2]이 말했다.

"안으로는 현명한 어버이나 형이 없고 밖으로는 엄한 스승과 친구가 없는데도 성취할 수 있는 자는 드물다."

呂滎公曰: "內無賢父兄, 外無嚴師友, 而能有成者, 鮮矣."

---

2) 북송北宋의 명신인 여희철呂希哲로, 여공저呂公著의 아들이다. 자는 원명原明이며, 형양군공滎陽郡公에 봉해졌으므로 여형공이라 부르기도 한다.

6. 가르침을 놓치지 말라

태공이 말했다.

"남자가 가르침을 놓치면 자라서 반드시 미련하고 어리석게 되고, 여자가 가르침을 놓치면 자라서 반드시 대충대충 하게 된다."

太公曰: "男子失教, 長必頑愚, 女子失教, 長必麄疏."

7. 배우지 말아야 할 것들

남자의 나이가 많아지거든 풍류와 술을 배우지 말게 하고, 여자의 나이가 많아지거든 놀러 다니지 못하게 하라.

男年長大, 莫習樂酒, 女年長大, 莫令遊走.

8. 대물림

엄한 아버지가 효자를 내고, 엄한 어머니가 효녀를 낸다.

嚴父出孝子, 嚴母出孝女.

9. 미운 자식 떡 하나

아이를 사랑하거든 매를 많이 주고 아이를 미워하거든 먹을 것을 많이 주어라.

憐兒多與棒, 憎兒多與食.

10. 더 중요한 것

남들은 모두 구슬과 옥을 사랑하지만, 나는 자손이 현명해짐을 사랑한다.

人皆愛珠玉, 我愛子孫賢.

제11편

성심省心 상上

마음을 살피라

사람의 마음이란 늘 변화무쌍하여 예측하기 어렵다. 마음이란 형체가 없고 어디로 튈지 모르니 잘 다스려야 한다. 이 편은 마음을 살피는 데 관한 글을 모아 사람의 마음가짐이 어떠해야 하는지를 말하고 있다. 분량이 많아 상하로 나뉘어 있는데, 상편에서는 지나친 욕심을 버리고 스스로 반성하는 자세를 강조하고, 하편에서는 항상 겸손하게 자기 행동을 반성하고 사람들을 두루 사랑하고 화목하게 지내는 것을 강조하고 있다.

'높은 낭떠러지를 봐야 굴러 떨어지는 근심을 알고 깊은 연못에 가보아야 빠져 죽을 근심을 알며 큰 바다를 보아야만 거센 파도의 근심을 안다'는 공자의 말이나, "한 가지 일을 경험하지 않으면 한 가지 지혜를 펼치지 못한다"는 말은 직접 경험해보지 않으면 실체를 알 수 없는 세상의 이치를 말하고 있다. 또 많은 사람이 한번쯤 들어봤음직한 "의심 드는 사람은 쓰지 말고 등용한 사람은 의심하지 말라"는 말은 조직 생활의 핵심을 찌르는 경구이다. 신뢰 없이 어찌 사람을 쓰겠으며 일단 믿음이 흔들린 후에 어찌 먼 길을 함께 갈 수 있겠는가.

이 편에서는 특이하게 신선을 정의한 대목이 있다. "하루 동안 맑고 한가로우면 하루 동안 신선이 된 것이다." 어찌 심산유곡에 들어 일평생 신비로운 수련을 거쳐야만 꼭 신선이 된다고 할 수 있겠는가. 잠시 잠깐이라도 세속의 때를 벗고 맑고 한가로운 시공에 머물 수 있다면 신선의 경지에 들었다고 할 수 있으리라.

1. 다함과 끝없음

《경행록》에서 이른다.

"보물과 재물은 쓰게 되면 다함이 있지만, 충성과 효도는 누리더라도 끝이 없다."

景行錄云: "寶貨用之有盡, 忠孝享之無窮."

2. 가화만사성

집안이 화목하면 가난해도 좋지만 의롭지 못하면 부유한들 무엇하겠는가.

효도하는 자식이 하나라도 있으면 [그것으로 됐지] 자손이 많아서 무슨 소용이 있겠는가.

家和貧也好, 不義富如何, 但存一子孝, 何用子孫多.

3. 술과 돈

아버지가 걱정하지 않는 것은 자식이 효도하기 때문이요, 지아비가 번뇌하지 않는 것은 아내가 어질기 때문이다.

말이 많아 실수하는 것은 모두 술 때문이요, 의리가 끊어지고 친척이 멀어지는 것도 그저 돈 때문이다.

父不憂心因子孝, 夫無煩惱是妻賢. 言多語失皆因酒, 義斷親疏只爲錢.

4. 횡재를 경계하라

이미 일상적이지 않은 즐거움을 누렸다면 모름지기 헤아릴 수 없는 근심을 대비하라.[1)]

旣取非常樂, 須防不測憂.

5. 반대편을 보라

총애를 받거든 욕됨을 생각하고, 편안하게 지낼 때는 위험을 생각하라.

得寵思辱, 居安慮危.

6. 상대적 이치

영예가 가벼우면 욕됨이 얕고, 이익이 무거우면 손해도 깊다.[2)]

---

1) 새옹지마塞翁之馬란 말처럼, 언제나 나쁜 일 뒤에는 좋은 일이 있게 마련이고, 좋은 일 뒤에는 나쁜 일이 있게 마련이다.

2) 모든 것은 상대적이다. 영욕과 이해는 따로 떨어져 있지 않다. 영예와 치욕, 이익과 손해는 동전의 양면과 같아서 서로 크게 다르지 않다.

榮輕辱淺, 利重害深.

7. 지나치지 말라

지나친 아낌은 반드시 심한 낭비를 가져오고 지나친 칭찬은 반드시 심한 비난을 가져온다.

지나친 기쁨은 반드시 심한 근심을 가져오고 지나친 [뇌물] 축적은 반드시 심한 망실을 가져온다.

甚愛必甚費, 甚譽必甚毁. 甚喜必甚憂, 甚贓必甚亡.

8. 경험

공자가 말했다.

"높은 낭떠러지를 보지 않으면 어찌 굴러 떨어지는 근심을 알게 되며, 깊은 연못에 가지 않으면 어찌 빠져 죽을 근심을 알게 되며 큰 바다를 보지 않으면 어찌 거센 파도의 근심을 알게 되리오."[3)]

子曰: "不觀高崖, 何以知顚墜之患, 不臨深淵, 何以知沒溺之患, 不觀巨海, 何以知風波之患."

3) 인간 인식의 한계를 깨닫고 시야를 넓혀 세상의 온갖 어려움을 알라는 말로, 학문에 임해서도 시야를 넓혀 여러 진리를 몸소 체득하라는 것이다.

9. 온고지신 1

앞으로 올 날을 알려거든, 먼저 이미 지나간 일을 살펴보라.[4)]

欲知未來, 先察已往.

10. 온고지신 2

공자가 말했다.

"밝은 거울은 형상을 살피는 바이고, 지나간 일은 지금을 알 수 있는 까닭이다."[5)]

子曰: "明鏡, 所以察形, 往古, 所以知今."

11. 미래의 일

지나간 일은 거울과 같고 다가올 일은 칠흑처럼 어둡다.[6)]

---

4) 과거의 경험을 통해 미래를 예측한다. 과거, 현재, 미래…… 이렇게 사람의 인생은 연이은 시간 속에서 펼쳐진다. 현재는 과거와 이어져 있고 미래는 현재의 순간들이 쌓여서 나타난다. 《논어》〈위정〉 편에서도 "옛것을 익히고 새것을 알면 스승이라고 할 수 있다〔溫故而知新, 可以爲師矣〕"라고 하여 '온고지신'을 스승의 자격으로 보았던 공자는 복고復古 정신에 입각한 자신의 학문 방향을 분명히 드러내면서 학문에 있어서 선현의 학문을 존중하고 창작보다는 서술에 무게중심을 두었던 것이다. 공자는 현재 역시 과거의 연장선에 있으며, 미래 사회 역시 현재의 확장이라는 측면에서 이해해야 마땅하다고 보았다. 또 스승 역시 미래에 펼쳐질 일을 정확히 파악하여 대처할 능력을 구비해야 한다고 가르쳤다.

5) 《장자》〈덕충부德充符〉 편에도 이런 말이 있다. "사람은 흐르는 물을 거울삼지 않고 잔잔하게 가라앉은 물을 거울삼는다. 잔잔하게 가라앉았기 때문에 다른 모든 가라앉은 것을 잔잔하게 할 수 있다〔人莫鑑於流水, 而鑑於止水, 唯止能止衆止〕."

過去事如鏡, 未來事暗似漆.

12. 한 치 앞도 모른다

《경행록》에서 이른다.

"내일 아침의 일을 저녁 무렵[7]에 꼭 그렇다고 단정할 수 없고, 저녁 무렵의 일을 늦은 오후[8]에 꼭 그렇게 된다고 단정할 수 없다."

景行錄云: "明朝之事, 薄暮不可必, 薄暮之事, 晡時不可必."

13. 새옹지마

하늘에는 예측할 수 없는 비구름이 있고, 사람에게는 아침저녁으로 화와 복이 있다.

天有不測風雲, 人有朝夕禍福.

---

6) 이 문장은 두 가지로 해석할 수 있다. 첫째, 지나간 과거의 일은 손바닥에 놓고 보듯 훤히 꿰뚫어볼 수 있지만, 눈앞에 닥치지 않은 미래의 일은 마치 자물쇠로 잠근 상자 속 물건 같아서 전혀 알 수가 없다. 둘째, 미래의 일은 칠흑처럼 어두우니 지나간 일을 거울삼고 지팡이 삼아 조심조심 더듬으며 나아가야 한다. 어떻게 해석할 것인지는 읽는 사람의 마음에 달려 있다.

7) 원문의 "박모薄暮"를 번역한 것으로 해가 진 뒤 컴컴해지기 전까지의 어둑할 무렵, 즉 땅거미가 질 무렵을 말한다. 사람은 계획을 세워 실행하는 동물이라 내일 일과를 전날 미리 준비하지만 준비한 대로 다 이루어지는 법은 없다. 그러니 어떤 일을 하든 단정은 금물이다. 단정하는 순간 돌덩이처럼 무거운 마음의 짐이 될 것이다.

8) 원문의 "포시晡時"를 번역한 것으로 '신시申時' 즉 지금의 오후 네 시쯤을 말한다.

14. 백 살과 백 년

석 자의 흙 속(죽어서 땅에 묻히는 것)으로 돌아가지 않고서는 백 살의 몸을 보전하기 어렵고,[9] 이미 [죽어] 석 자 되는 흙 속으로 돌아가면 백 년의 무덤을 보전하기 어렵다.

未歸三尺土, 難保百年身, 已歸三尺土, 難保百年墳.

15. 인재 양성

《경행록》에서 이른다.

"나무가 [잘] 길러지면 뿌리가 튼튼하고 가지와 잎이 무성하여 기둥과 들보 같은 재목을 이루게 된다.

물이 잘 관리되면 물의 근원이 왕성하고 흐름이 길어서 관개의 이로움이 널리 베풀어진다.

사람이 [잘] 길러지면 뜻과 기상이 크고 식견이 밝아 충성스럽고 의로운 선비가 나오니, 어찌 기르지 않겠는가."

景行錄云: "木有所養, 則根本固而枝葉茂, 棟樑之材成. 水有所養, 則泉源壯而流派長, 灌漑之利博. 人有所養, 則志氣大而識見明, 忠義之士出, 可不養哉."

9) 《시경》〈소아小雅·소민小旻〉 편에 이런 구절이 나온다. "두려워하며 조심하기를 깊은 못에 임하듯 하고, 얇은 얼음판 밟고 가듯 해야 한다네(戰戰兢兢 如臨深淵 如履薄氷)." 조심성 있는 사람은 깊은 연못 앞에 있거나 얇은 얼음 위에 있는 것처럼 처신한다는 말이다. 이처럼 전전긍긍이라는 말은 원래는 좋은 뜻으로 쓰였음을 알 수 있다. 한편 이 말은 《논어》〈태백泰伯〉 편에도 나온다. 자신을 잘 관리하라는 말은 이래서 중요하다.

16. 스스로를 믿으라

스스로 믿는 자는 다른 사람도 그를 믿으니, 오나라와 월나라 같은 원수 사이라도 모두 형제이고 스스로를 의심하는 자는 다른 사람도 의심하니[10] 자신 이외에는 모두 적국이 된다.

自信者人亦信之. 吳越皆兄弟, 自疑者人亦疑之, 身外皆敵國.

17. 인재 등용법

의심 드는 사람은 쓰지 말고 등용한 사람은 의심하지 말라.[11]

疑人莫用, 用人勿疑

18. 사람의 마음이란

《풍간》(풍자와 간언으로 사람을 깨우침)에서 이른다.

10) '의심암귀疑心暗鬼'란 말이 있다. 의심이 생기면 있지도 않은 귀신이 나온다는 말로, 마음속에 의심이 생기기 시작하면 갖가지 무서운 망상이 일어나 불안해진다는 뜻이다.《열자》〈설부說符〉 편에 나오는 이야기다. 어떤 사람이 도끼를 잃어버리고는 이웃집 아들을 도둑으로 의심했다. 그의 걸음걸이를 보든 낯빛을 보든 말씨를 듣든, 하여튼 무엇을 하든 도끼를 훔친 사람 같았다. 그런데 얼마 지나서 골짜기를 파다가 잃어버린 도끼를 찾았다. 다음 날 다시 예의 이웃집 아들을 보니 행동과 태도가 도끼를 훔친 사람 같지 않았다. 사람은 어떤 일에 집착하면 곧 편견을 가지고 일이나 사람을 대하게 된다. 도끼를 잃었던 사람이 이웃집 아들을 보는 눈도 자기 생각에 따라 그처럼 달라졌던 것이다.

11) 《동주열국지東周列國志》 제17회에 나오는 말인데, 원전은 약간 달라 "의인물 용용무의疑人勿 用用無疑"이다. 이와 비슷하게 《회남자淮南子》〈병략훈兵略訓〉에서도 "사람을 의심하는 마음이란 아주 적은 양이라도 남음이 있다〔疑人之心, 則錙銖有餘〕"고 했다.

"물속 깊이 있는 고기와 하늘 높이 떠다니는 기러기는 높은 데 있는 것은 쏘고 낮은 데 있는 것은 낚을 수 있지만, 오직 사람의 마음은 지척 간에 있어도 지척 간에 있는 마음은 헤아릴 수 없다."[12)]

諷諫云: "水底魚天邊雁, 高可射兮低可釣, 惟有人心咫尺間, 咫尺人心不可料."

19. 내면 알기

호랑이를 그리되 가죽은 그릴 수 있으나 뼈는 그리기 어려우며, 사람을 알되 얼굴은 알지만 마음은 알 수 없다.

畫虎畫皮難畫骨, 知人知面不知心.

20. 얼굴을 맞대어도

얼굴을 맞대고 함께 이야기해도 마음은 온 산과 격절되어 있는 것 같다.[13)]

對面共語, 心隔千山.

---

12) 우리 속담에 "열 길 물속은 알아도 한 길 사람 속은 모른다"고 했다. 또 "사람은 겪어봐야 안다"는 말도 있으니 함께 생각해 볼 일이다.

13) 동상이몽同床異夢이란 같은 처지에 있으면서도 생각이나 이상이 서로 다르거나, 함께 행동하면서도 속으로는 달리 생각하는 것을 가리킨다.

21. 바다보다 깊은 것

바다는 마르면 마침내 바닥을 볼 수 있으나 사람은 죽더라도 마음을 알 수 없다.

海枯終見底, 人死不知心.

22. 잴 수 없는 것

태공이 말했다.

"무릇 사람은 다가올 운명을 헤아릴 수 없고 바닷물은 말(斗)로 잴 수 없다."

太公曰: "凡人不可逆相, 海水不可斗量."

23. 재앙의 씨앗

《경행록》에서 이른다.

"다른 사람과 원수를 맺는 것은 재앙의 씨를 심는 것이라 하고,[14) 착한 것을 버리고 하지 않는 것은 스스로를 해치는 것이라고 한다."

景行錄云: "結怨於人, 謂之種禍, 捨善不爲, 謂之自賊."

24. 한쪽 말만 듣지 말라

만약 한쪽의 말만 들으면, 문득 친한 사이가 서로 멀어지게 됨을 볼 수 있다.

若聽一面說, 便見相離別.

25. 편안함을 경계하라

배부르고 따뜻하면 음란한 욕망이 생기고 굶주리고 추우면 올바른 마음이 피어난다.

飽煖思淫慾, 飢寒發道心.

26. 재물을 경계하라

소광이 말했다.

"어진 사람이 재물이 많으면 그 지조를 손상하게 되고 어리석은

---

14) 이는《예기》〈곡례曲禮〉의 구절을 떠오르게 한다. "아버지의 원수와는 하늘을 이고 살지 않고, 형제의 원수를 보고서는 무기를 가지러 가지 않으며, 친구의 원수와는 같은 나라에서 살지 않는다(父之讐弗與共戴天, 兄弟之讐弗反兵, 交遊之讐弗同國)." 아버지의 원수와 같은 하늘 밑에서 산다는 것은 자식된 도리로 있을 수 없는 일이고, 형제의 원수를 우연히 만나면 바로 복수해야지 무기를 가지러 가다가 원수 갚을 기회를 놓쳐서는 안 되며, 친구의 원수와는 한 나라에서 살 수 없다는 말이다. 아버지·형제·친구는 가장 가까운 사람들로 그들이 있기에 자신이 존재하는 것이니, 그들의 원수가 바로 내 원수라는 말이다. 따라서 원수를 맺고 그 원한이 깊어지기 쉬운 것이다.

사람이 재물이 많으면 그 허물을 더하게 된다."

疏廣[15]曰: "賢人多財, 則損其志, 愚人多財, 則益其過."

27. 먹고살기에 급급하면

사람이 가난하면 지혜도 짧아지고, 복이 이르면 마음이 영특해진다.

人貧智短, 福至心靈.

28. 경험의 소중함

한 가지 일을 경험하지 않으면 한 가지 지혜도 자라나지 못한다.[16]

不經一事, 不長一智.

15) 자는 중옹仲翁, 난릉蘭陵 사람으로 소무蘇武라고 되어 있기도 하다.

16) 백문불여일견百聞不如一見이란 말이 있다. 백 번 듣는 것이 한 번 보는 것만 못하다는 뜻으로, 직접 경험이 중요함을 강조하는 말이다. 《한서》 〈조충국전趙充國傳〉을 보면 전한 선제宣帝 때 서북쪽에 있는 강족이 쳐들어오자, 선제는 어사대부 병길丙吉을 보내 후장군後將軍 조충국趙充國에게 토벌군의 장수로 임명할 만한 사람을 물색하도록 했다. 조충국은 무제武帝 때 이광리李廣利의 휘하 장수로 흉노 토벌에 출전했다가 포위되자 군사 1백여 명을 이끌고 사투한 끝에 포위망을 뚫고 살아 나온 인물이었다. 이때 세운 공으로 거기장군에 임명되어 오랑캐 토벌의 선봉장이 되었다. 병길에게 질문을 받은 조충국은 이렇게 대답했다. "노신을 능가할 사람이 있겠습니까?" 당시 조충국은 고희를 앞두고 있는 나이였다. 결국 선제는 조충국을 불러 강족을 토벌할 방법을 물었다. "폐하, 백 번 듣는 것이 한 번 보는 것만 못합니다. 병력을 운용하는 일은 실제 상황을 살펴보지 않고는 헤아리기 어려운 법입니다. 신을 금성군 부근으로 보내주십시오. 강족을 토벌할 방법은 현지를 살펴본 다음에 말씀드리겠습니다." 선제는 그렇게 하도록 했다.

29. 시비 없애는 법

시비가 종일토록 있을지라도 들으려 하지 않으면 저절로 없어진다.

是非終日有, 不聽自然無.

30. 시비 거는 자

와서 옳고 그름을 말하려는 사람이 바로 남에게 시비를 거는 사람이다.

來說是非者, 便是是非人.

31. 입소문

《격양시》에서 이른다.

"평생에 눈썹 찌푸릴 일을 만들지 않으면 세상에 이를 갈 사람이 없을 것이다. 큰 이름을 어찌 무딘 돌에 새길 것인가. 길 가는 사람의 입(말)이 비석보다 나으리라."

擊壤詩云: "平生不作皺眉事, 世上應無切齒人. 大名, 豈有鐫頑石, 路上行人口勝碑."

32. 향기

사향을 지니면 저절로 향기가 나는데, 어찌 꼭 바람을 향해 서겠는가.

有麝自然香, 何必當風立.

33. 다 누리지 말라

복이 있다고 해서 다 누리지 말라. 복이 다하면 몸이 가난하고 궁해지리라.

권세가 있다고 해서 다 부리지 말라. 권세가 다하면 원수와 서로 만나게 된다.

복이 있거든 항상 스스로 아끼고 권세가 있거든 항상 스스로 공손하라.

사람이 살면서 교만과 사치는, 시작은 있지만 끝은 없는 것이 많다.

有福莫享盡, 福盡身貧窮. 有勢莫使盡. 勢盡冤相逢. 福兮常自惜, 勢兮常自恭. 人生驕與侈, 有始多無終.

34. 남겨 돌려줘야 할 네 가지

왕참정(북송 진종 때 정치가)의 〈사류명〉에서 말했다.

"여유가 있어 다 쓰지 못한 재주는 남겨두어 조물주에게 돌려주고, 여유가 있어 다 쓰지 못한 녹봉은 남겨두었다가 조정에 돌려주며, 여유가 있어 다 쓰지 못한 재물은 남겨두었다가 백성에게 돌려주고, 여유가 있어 다 쓰지 못한 복은 남겨두었다가 자손에게 돌려주라."[17)]

王參政四留銘曰: "留有餘不盡之巧, 以還造物, 留有餘不盡之祿, 以還朝廷, 留有餘不盡之財, 以還百姓, 留有餘不盡之福, 以還子孫."

35. 천금 같은 말 한마디

황금 천 냥이 귀한 것이 아니고, 남에게 듣는 [좋은] 말 한마디가 천금보다 낫다.

黃金千兩未爲貴, 得人一語勝千金.

---

17) 무슨 일이든 여유를 두고 하라는 말이다. 재물이건 복이건 할 것 없이 다 써버리지 말고 남겨두는 넉넉한 마음을 품으라는 말이다.

36. 전화위복

솜씨[18]란 서투름의 종이고, 괴로움은 즐거움의 어머니다.

巧者, 拙之奴, 苦者, 樂之母.

37. 적합하게

작은 배는 무겁게 싣는 것을 견디기 어렵고, 으슥한 길은 혼자 다니기에 마땅하지 않다.

小船難堪重載, 深逕不宜獨行.

38. 황금보다 귀한 것

황금이 곧 귀한 것이 아니고, 편안하고 즐거운 것이 더 값어치가 있다.

黃金未是貴, 安樂値錢多.

18) 원문의 "교巧"를 번역한 것이다. 무용지용無用之用이란 말이 있다. '쓸모없는 것의 쓰임'이라는 말로, 세속적인 안목으로는 별로 쓰임이 없는 것처럼 보이는 게 도리어 큰 쓰임이 있다는 뜻이다. 《장자》〈인간세人間世〉 편에서 장자는 다음과 같은 우화를 들었다. "산에 있는 나무는 사람들에게 쓰이기 때문에 잘려 제 몸에 화를 미치고, 등불은 밝기 때문에 불타는 몸이 된다. 계수나무는 먹을 수 있기 때문에 베이고, 옻나무는 그 옻으로 칠을 할 수 있기 때문에 잘리고 찍힌다. 사람들은 모두 유용有用의 용用만을 알 뿐 무용無用의 용用을 알려 하지 않으니 한심한 일이다."

39. 대접 받으려면

[자기] 집에서 손님을 맞이할 줄 모르면, 밖에 나갔을 때에 비로소 [맞아주는] 주인이 적음을 알게 된다.[19)]

在家不會邀賓客, 出外方知少主人.

40. 부유하게 살면

가난하게 살면 시끌벅적한 저잣거리에 살아도 서로 아는 사람이 없지만, 부유하게 살면 깊은 산골에 살아도 먼 데서 찾아오는 친구가 있다.

貧居鬧市無相識, 富住深山有遠親.

41. 인정보다는 돈

사람의 의리는 다 가난한 데서 끊어지고, 세상의 정서는 곧 돈 있는 집으로 쏠린다.[20)]

人義盡從貧處斷, 世情便向有錢家.

---

19) 내가 남을 잘 대접하면 남도 나를 잘 대접하게 되는 것이 또한 세상의 이치이다.

42. 말조심

차라리 밑 빠진 항아리는 막을 수 있을지언정, 코 아래 가로놓인 것(입)은 막기 어렵다.[21)]

寧塞無底缸, 難塞鼻下橫.

43. 군색함

사람의 정이란 모두 군색함 속에서 서먹서먹해진다.

人情皆爲窘中疏.

44. 술이란

《사기》에서 말했다.

---

20) '문외작라門外雀羅'란 말이 있다. 《사기》 〈급정열전汲鄭列傳〉을 보면, 한나라 무제 때 현명한 신하로 급암汲黯과 정당시鄭當時가 있었다. 급암은 학문을 좋아하고 의협심이 있으며 기개와 지조를 중시했고, 집 안에 있을 때도 품행이 바르고 깨끗했으며, 직간하기를 좋아하여 여러 차례 무제와 대신들을 무안하게 만들기도 했다. 태사공 사마천은 급암과 정당시의 전기를 쓰고 나서 다음과 같은 말을 덧붙였다. "급암이나 정당시 같은 현명한 사람도 세력이 있을 때는 빈객이 열 배로 늘었다가 세력을 잃으면 그렇지 못했다. 하물며 보통 사람이야 어떠하랴? 하규下邽의 적공翟公은 이렇게 말했다. '처음 내가 정위廷尉가 되었을 때는 빈객이 문 앞에 가득 찼지만, 파면되자 '문밖에 참새 잡는 그물을 쳐도 될 만했다(門外可設雀羅)'. 내가 다시 정위가 되자 빈객들이 예전처럼 모여들려고 했다. 그래서 나는 문에 크게 써 붙였다. 한 번 죽고 한 번 사는 데 사귀는 정을 알고, 한 번 가난하고 한 번 부유함으로써 사귀는 모습을 알며, 한 번 귀했다가 한 번 천해짐으로써 참된 교유의 정을 알게 된다.' 급암이나 정당시에게도 이러한 말이 해당되니 슬픈 일이다."

21) 말이란 막기 힘들기에 말하는 것을 삼가라는 말이다.

"하늘에 교제를 지내고 종묘(사당)에 제례를 올릴 때 술이 아니면 흠향하지 못할 것이며, 임금과 신하, 친구와 친구 사이에도 술이 아니면 의리가 도탑지 않을 것이요, 다투고 나서 서로 화해할 때 술이 아니면 권하지 못할 것이다. 그러므로 술에는 성취와 실패가 있으니 그것을 함부로 마셔서는 안 된다."

史記曰: "郊天禮廟, 非酒不享, 君臣朋友, 非酒不義, 鬪爭相和, 非酒不勸. 故酒有成敗, 而不可泛飮之."

45. 가난을 두려워해서야

공자가 말했다.

"선비가 도에 뜻을 두면서, 허름한 옷과 나쁜 음식을 부끄러워한다면 [그와는] 더불어 논의할 만한 가치가 없다."[22)]

子曰: "士志於道, 而恥惡衣惡食者, 未足與議也."

46. 시샘

순자[23)]가 말했다.

"선비 곁에 시샘하는 벗이 있으면 현명한 벗과 친해지지 않고, 임

22) 이 문장은 《논어》 〈이인〉 편 아홉 번째에 나온다. 또 〈자한子罕〉에 나오는 "해진 솜옷을 입고서 여우나 담비 가죽 옷을 입은 [귀한] 사람과 나란히 서 있어도 부끄러워하지 않을 사람은 아마도 유(자로)일 것이다(衣敝縕袍, 與衣狐貉者立, 而不恥者, 其由也與)"와 함께 읽어보면 그 의미가 더 핍진하게 다가온다.

금 곁에 시기심 많은 신하가 있으면 현명한 신하가 오지 않는다."[24)]

荀子曰: "士有妬友, 則賢交不親, 君有妬臣, 則賢人不至."

47. 존재의 이유

하늘은 녹봉이 없는 사람을 낳지 않으며, 땅은 이름 없는 풀을 자라게 하지 않는다.

天不生無祿之人, 地不長無名之草.

48. 큰 부자와 작은 부자

큰 부자는 하늘에 달려 있고, 작은 부자는 부지런함에 달려 있다.

大富由天, 小富由勤.

23) 순자(기원전 310?~기원전220?)의 이름은 황況이며 자는 경卿이고 맹자와 함께 공자 학설을 전한 사람이다. 순자의 사상은 훨씬 논리적이고 질서정연한 형태로 전해졌는데, 이는《순자》라는 책이 대부분 순자가 직접 저술한 글을 모아놓은 것이기 때문이다. 순자는 50세에 제나라의 직하학궁稷下學宮에 갔으며, 제나라 양왕襄王 때에는 세 차례나 제주祭酒를 지냈다고 한다. 순자는 인간의 본성은 악하므로 '작위(僞)'가 필요하다고 했다. '위僞'는 '본성(性)'에 반대되는 말로서, '사람(人)'과 '행위(爲)'의 합성 개념으로 후천적인 노력을 의미한다. 이 '위'의 극치는 '예의'이고, 이 예의가 사회질서를 유지하는 근간이라고 본 것이다. 또 맹자가 '의義'를 중시하고 '이利'를 경시했다면, 순자는 '의'를 중시하면서 '이'도 중시했다. 맹자가 왕도王道만을 숭상했다면, 순자는 패도覇道도 함께 숭상했다.

24) 어진 친구나 어진 사람을 구하는 것은 주변에 누구를 두느냐에 달려 있다는 말이다.

49. 근검절약

집안을 이룰 아이는 인분도 황금같이 아끼지만, 집안을 망칠 아이는 황금 쓰기를 인분처럼 한다.[25)]

成家之兒, 惜糞如金, 敗家之兒, 用金如糞.

50. 대비하라

강절 소 선생이 말했다.

"한가하게 살면서 해로울 게 전혀 없다고 말하지 말라. 해로울 게 없다고 말하면 바로 방해가 생기는 것이다.

입에 맞는 음식도 많이 먹으면 병이 생기고, 마음에 즐거운 일이 지나치면 반드시 재앙이 생긴다.

병들고 나서 [좋은] 약을 먹기보다는 병이 나기 전에 스스로 예방하는 것이 낫다."

康節邵先生曰: "閑居愼勿說無妨. 纔說無妨便有妨. 爽口物多能作疾, 快心事過必有殃. 與其病後能服藥, 不若病前能自防."

---

25) 《해동소학海東小學》에 나오는 "검소함은 온갖 복의 근원이 된다〔儉, 爲萬福之源〕"는 구절을 되새겨보자. 이 역시 결국 근검절약을 강조하는 말이다.

51. 인과응보

재동제군의 가르침에서 말했다.

"신묘한 약이라도 원한 맺힌 병을 고치기는 어렵고, 갑작스럽게 생긴 재물도 명이 기박한 사람을 부자가 되게 하지 못한다.

일을 만들어놓고 일이 생기면 그대는 원망하지 말고, 남을 해롭게 하려다 남이 해롭게 해도 그대는 화내지 마라.

천지간의 일은 모두 되갚음이 있으니, 멀게는 자손에게 있고, 가깝게는 자신에게 있다."[26)]

梓潼帝君垂訓曰: "妙藥難醫寃債病, 橫財不富命窮人. 生事事生君莫怨, 害人人害汝休嗔. 天地自然皆有報, 遠在兒孫近在身."

52. 돌고 도는 세상사

꽃은 지었다 피고 피었다가 또 지며, 비단옷도 베옷으로 다시 바꿔 입게 된다.

호화로운 집이라 해서 반드시 늘 부귀한 것은 아니고, 가난한 집이라 해서 반드시 오랫동안 적막한 것은 아니다.

사람을 받쳐주더라도 반드시 푸른 하늘까지 오르지 못하고, 사람을 떠밀어도 반드시 구덩이에 굴러 떨어지지는 않는다.

---

26) 남에게 원한을 사는 일이 없도록 하라는 말이다.

그대에게 권하노니, 모든 일에 하늘을 원망하지 말라.

하늘의 뜻은 사람에게 후하게 하거나 박하게 하지도 않는다.

花落花開開又落, 錦衣布衣更換着. 豪家未必常富貴, 貧家未必常寂寞. 扶人未必上靑霄, 推人未必塡溝壑. 勸君凡事莫怨天, 天意於人無厚薄.

53. 의롭지 못한 재물이라면

아아, 사람 마음이 사납기가 독사 같구나.

누가 알겠는가, 하늘의 눈이 수레바퀴처럼 굴러가는 것을.

지난해에 함부로 빼앗아온 동쪽 이웃의 물건도 오늘은 또다시 북쪽 집으로 돌아가는구나.

의롭지 않은 돈과 재물은 끓는 물에 뿌려진 눈 같고, 뜻밖에 얻은 논밭은 물에 씻긴 모래 같다.

만일 간교한 속임수로 삶의 계획을 삼으면, 꼭 아침에 피었다가 저녁에 지는 꽃과 같다.

堪歎人心毒似蛇, 誰知天眼轉如車. 去年妄取東隣物, 今日還歸北舍家. 無義錢財湯潑雪, 儻來田地水推沙. 若將狡譎爲生計, 恰似朝開暮落花.

54. 약으로도 돈으로도 안 되는 것

약으로도 공경公卿과 재상의 수명을 치료할 수 없으며, 돈이 있어도 자손의 현명함을 사기 어렵다.[27]

無藥可醫卿相壽, 有錢難買子孫賢.

55. 신선이란

하루 동안 맑고 한가로우면 하루 동안 신선이 된 것이다.

一日淸閑一日仙.

27) 인간은 누구에게나 부족한 점이 있으니, 당당한 권세를 가진 재상도 목숨을 사지 못하고 자식의 현명함도 사지 못한다는 말이다.

제12편

성심省心 하下

마음을 살피라

이 편은 35장으로 이루어져 있으며 기본에 충실한 삶을 살아가는 자세를 강조하는 등 마음을 돌아보아 성찰하라는 가르침이 담겨 있다. 주로 생활하면서 살펴야 하는 일들을 다루고 있는데 성리학과 불교 사상에 바탕을 둔 글도 적지 않다. "까닭 없이 천금을 얻는 것은 큰 복이 있게 된 것이 아니라, 반드시 큰 재앙이 있게" 되는 것이라는 소동파의 말은 스스로 일군 성과가 아닌 횡재로 얻는 재물과 지위는 오히려 독이 될 수 있음을 가르친다. 이는 "덕이 미미하면서 지위가 높고, 지혜가 적으나 꾀한 것이 크면, 재앙을 없애는 것도 드물 것이다"라는 《주역周易》의 말씀과도 통하는 바가 있다. 스스로 잘 준비한 사람만이 자기 과업을 감당할 수 있을 것이다. 또 "내가 하고자 하지 않는 바를 남에게 베풀지 말라"는 말은 사람이 서로 관계를 맺고 살아가는 세상에서 늘 간직해야 할 황금률이다. 성실하고 밝은 모습으로 살아가는 옛 성현들을 보면서 그들이 얼마나 인성 함양에 노력했는지를 알 수 있으며, 세상사 모든 일이 다 마음과 연관되어 있다는 평범한 사실에도 주목하게 된다. 물질적 가치보다는 정신적 가치 추구에 매진하라는 금언과 격언으로 수놓여 있다.

1. 바르게 살라

진종황제가 어제御製(임금이 지은 글)에서 말했다.

"위험을 알고 험함을 알게 되면 끝까지 [죄의] 그물이란 문에 걸려들지 않고, 선한 이를 추대하고 어진 사람을 천거하면 저절로 몸을 편안히 하는 길이 생길 것이다.

인을 베풀고 덕을 펴면 곧 대대로 영예롭고 번창할 것이다.

시기하는 마음을 품고 원한을 갚으면 자손에게 근심을 남겨주는 것이고.

남에게 손해를 끼치고 자신을 이롭게 한다면 끝까지 이름을 빛내는 먼 자손[1)]이 없을 것이다.

뭇 사람을 해롭게 해서 집안을 이룬다면 어찌 오래도록 부귀를 누리겠는가.

이름을 바꾸고 몸을 달리하는 것은 모두가 [사람들의] 교묘한 말 때문에 생겨난다.

재앙이 일어나고 몸을 상하게 하는 일도, 모두 어질지 못하기 때문에 초래되는 것이다."

眞宗皇帝御製曰: "知危識險, 終無羅網之門. 擧善薦賢, 自有安身之路, 施仁布德, 乃世代之榮昌. 懷妬報寃, 與子孫之爲患. 損人利己, 終無顯達雲仍, 損衆成家, 豈有長久富貴. 改名異體, 皆因巧語而生, 禍起傷身, 皆是不仁之召."

---

1) 원문의 운잉雲仍을 번역한 것으로 매우 먼 자손을 가리킨다

2. 살아가며 지켜야 할 기본

신종황제(송나라 6대 황제)가 어제에서 말했다.

"도리가 아닌 것으로 얻은 재물을 멀리하고 정도에 지나치는 술을 삼가라.

반드시 이웃을 가려서 살고, 반드시 벗을 가려서 사귀어라.

시기와 질투를 마음에서 일으키지 말고 헐뜯는 말을 입에 올리지 말라.

친척 가운데 가난한 사람을 소홀히 하지 말고 남들 중에 부유한 사람을 후하게 대하지 말라.

자신을 이겨내는 데는 부지런함과 검소함을 우선으로 삼고 뭇 사람을 사랑하는 데는 겸손함과 온화함을 우선으로 삼아라.

항상 지난날 [나의] 잘못됨을 생각하고 매번 올 날들의 허물을 생각하라.

만일 짐의 이 말을 좇아서 나라와 집안을 다스리면 오랫동안 지속되리라."

神宗皇帝御製曰: "遠非道之財, 戒過度之酒. 居必擇隣, 交必擇友. 嫉妒勿起於心, 讒言勿宣於口, 骨肉貧者莫疏, 他人富者莫厚, 克己以勤儉爲先, 愛衆以謙和爲首, 常思已往之非, 每念未來之咎. 若依朕之斯言, 治國家而可久.

3. 사소한 일이 크게 되는 법

고종황제(남송의 초대 황제)가 어제에서 말했다.

"깜박거리는 불티도 한 점이 만 이랑의 섶을 태울 수 있고, 반 마디의 그릇된 말이 잘못되어 평생의 덕을 허물어뜨린다.

몸에 실오라기 하나를 걸치더라도 항상 베 짜는 여인의 수고로움을 생각하고, 하루 세끼 밥을 먹어도 매번 농사짓는 사람의 수고로움을 생각하라.

구차하게 탐내고 시기해서 [남에게] 손해를 끼친다면 결국 10년의 편안함도 없게 될 것이다. 선을 쌓고 인을 보존하면 반드시 후손들에게 영화가 있을 것이다.

행복한 봉록과 선함과 경사스러운 일은 대부분 선행을 쌓음으로써 생겨날 것이고 성인의 경지로 들어가고 평범함을 초월하는 것은 모두 진실한 데서 얻어지는 것이다."

高宗皇帝御製曰: "一星之火, 能燒萬頃之薪, 半句非言, 誤損平生之德. 身被一縷, 常思織女之勞, 日食三飧, 每念農夫之苦. 苟貪妬損, 終無十載安康, 積善存仁, 必有榮華後裔, 福緣善慶, 多因積行而生, 入聖超凡, 盡是眞實而得."

4. 사람 평가하는 법

왕량이 말했다.

"그 임금을 알려고 하거든 먼저 그 신하를 보고, 그 사람을 알려고 하거든 먼저 그 벗을 보라,

그 아버지를 알려고 한다면 먼저 그 자식을 보라.

임금이 성스러우면 신하도 충성스럽고, 아버지가 자애로우면 자식도 효성스럽다."

王良曰: "欲知其君, 先視其臣, 欲識其人, 先視其友, 欲知其父, 先視其子. 君聖臣忠, 父慈子孝."

5. 혼자인 이유

《가어》에서 이른다.

"물이 지나치게 맑으면 고기가 없고, 사람이 지나치게 살피면 [따르는] 무리가 없다."[2)]

家語云: "水至淸則無魚, 人至察則無徒."

2) 물이 너무 맑으면 고기가 살 수 없는 것처럼 사람도 다른 사람의 옳고 그름을 지나치게 살피다 보면 친구가 남아 있지 않는다. 유연하고 개방적인 사고를 해야 한다. 그러지 않으면 무리가 따르지 않는다. 사람은 사회적 동물이기 때문에 혼자서는 살아갈 수 없다.

6. 입장 차이

허경종許敬宗[3)]이 말했다.

"봄비는 마치 [땅을] 기름지게 하는 것 같지만, 길 가는 사람은 그 진흙의 질퍽함을 싫어하고, 가을의 달빛이 밝게 비치나 도둑은 그 거울처럼 [밝게] 비치는 것을 싫어한다."

許敬宗曰: "春雨如膏, 行人惡其泥濘, 秋月揚輝, 盜者憎其照鑑."

7. 태산보다 높은 것, 기러기 털보다 가벼운 것

《경행록》에서 이른다.

"대장부는 착함을 보는 것이 밝으므로 명분과 절의를 태산보다 무겁게 여기고, 마음 씀씀이가 세심하므로 죽는 것과 사는 것을 기러기 털보다 가볍게 여긴다."

景行錄云: "大丈夫, 見善明故, 重名節於泰山, 用心精故, 輕死生於鴻毛."

8. 더불어 하기

다른 사람의 흉한 것을 민망히 여기고 다른 사람의 착한 것을 즐겁

---

3) 유명한 문장가로, 대대로 벼슬을 한 명문 귀족의 후손이며 재상까지 역임한 인물이었다. 하지만 경솔하고 오만했으며 사람들을 여러 번 만나도 얼굴을 제대로 기억하지 못하는 큰 단점이 있었다.

게 여기며, 다른 사람의 다급함을 건져주고, 다른 사람의 위험함을 구제해주어라.

悶人之凶, 樂人之善, 濟人之急, 求人之危.

9. 믿어야 할 것과 믿지 말아야 할 것

눈으로 직접 본 일도 [오히려] 모두 진실되지 않을까 두렵거늘, 등 뒤에서 하는 말을 어찌 족히 깊이 믿을 만하겠는가.

經目之事, 恐未皆眞, 背後之言, 豈足深信.

10. 내 탓 남 탓

자기 집 두레박줄이 짧은 것은 원망하지 않고, 다른 사람의 집 우물 깊은 것만 한탄한다.

不恨自家汲繩短, 只恨他家苦井深.

11. 죄는 박복한 사람에게

뇌물과 부정이 온 세상에 넘쳐나도, 죄는 박복한 사람을 얽어맨다.

贓濫滿天下, 罪拘薄福人.

12. 일정한 법도를 지켜라

하늘이 만약 일정한 법도를 어기면 바람이 불거나 비가 내리고, 사람이 만약 일정한 법도를 바꾸면 병들지 않으면 죽게 될 것이다.

天若改常, 不風卽雨, 人若改常, 不病卽死.

13. 기본기

〈장원시壯元詩〉에서 말했다.

"나라가 바르면 하늘도 순해지고, 관청이 맑으면 백성이 저절로 편안하다. 아내가 어질면 남편의 재앙이 적어지고, 자식이 효성스러우면 부모의 마음이 너그러워진다."[4)]

壯元詩云: "國正天心順, 官淸民自安. 妻賢夫禍少. 子孝父心寬."

4) 5언 절구의 이 시를 지은 이는 알려져 있지 않다.

14. 간언을 받아들여라

공자가 말했다.

"나무가 먹줄을 따르면 곧아지고, 사람이 간언을 받아들이면 성스러워진다."

子曰: "木從繩則直, 人受諫則聖."

15. 돌고 도는 법

한 줄기 푸른 산, 경치가 그윽한데, 앞 사람의 논밭, 뒷사람이 거둔다. 뒷사람은 거둬들였다고 해서 기뻐하지 말지니, 다시 거둘 사람이 뒤에 있기에.

一派青山景色幽, 前人田土後人收, 後人收得莫歡喜, 更有收人在後頭.

16. 재앙의 씨앗

소동파가 말했다.

"까닭 없이 천금을 얻는 것은 큰 복이 있게 된 것이 아니라, 반드시 큰 재앙이 있게 된 것이다."

蘇東坡曰: "無故而得千金, 不有大福, 必有大禍."

17. 화복이란

소강절 선생이 말했다.

"어떤 사람이 와서 [나에게] 점쳐보라고 물으며, 어떻게 하면 재앙이 되고 어떻게 하면 복이 되느냐 한다.

내가 다른 사람을 해롭게 하는 것이 재앙이고, 남이 나를 해롭게 하는 것이 복이니라."

邵康節先生曰: "有人來問卜, 如何是禍福, 我虧人是禍, 人虧我是福."

18. 만족하는 삶

큰 집이 천 칸이라도 밤에 눕는 곳은 여덟 자뿐이요, 좋은 전답이 만 이랑이더라도 하루에 먹는 것은 두 되뿐이구나.

大廈千間, 夜臥八尺, 良田萬頃, 日食二升.

19. 친한 사이일수록

오래 머무르면 사람이 천하게 여겨지고, 자주 찾아오면 친하던 사람도 멀어진다.

겨우 사흘이나 닷새 만에 보아도 서로 맞이하는 것은 처음만 같지 못하다.

久住令人賤, 頻來親也疏. 但看三五日, 相見不如初.

20. 취한 뒤의 한잔이란

목마를 때 한 방울의 물은 단 이슬과 같고, 취한 후에 잔을 더하는 것은 없는 것이 낫다.

渴時一滴如甘露, 醉後添盃不如無.

21. 남인가 나인가

술이 사람을 취하게 하는 것이 아니라 사람이 스스로 취하는 것이요, 여색이 사람을 미혹하는 것이 아니라 사람이 스스로 미혹되는 것이다.[5)]

酒不醉人人自醉, 色不迷人人自迷.

5) 모든 일의 원인은 밖이 아닌 안에서 찾아야 한다. 내가 취하고자 했기 때문에 술을 마셨지 그 반대가 아닌 것이다. 어떤 일이든 자기 자신에게 먼저 질문을 던지는 것이야말로 주체적인 인간이 세상을 살아가는 방도다.

22. 성불하는 법

공공을 위하는 마음이 개인을 위하는 마음에 비할 수 있다면 무슨 일이든지 [옳고 그름을] 가려내지 못하겠는가.

도道를 향하는 마음이 만약 정욕을 생각하는 마음 같다면 부처가 되고도 시간이 많이 남으리라.

公心若比私心, 何事不辨. 道念若同精念, 成佛多時.

23. 교자와 졸자

염계(주돈이를 말함) 선생이 말했다.

"교묘한 자는 말을 잘하고, 소박한[6] 자는 말이 없으며, 교묘한 자는 수고롭고, 소박한 자는 편안하다.

교묘한 자는 패악하나 소박한 자는 덕스러우며, 교묘한 자는 흉하고 소박한 자는 길하다.

아아! 천하가 소박하면 형벌이 거두어져 윗사람은 편안하고 아랫사람은 온순하며, 풍속은 맑아지고 폐습은 끊어진다."

濂溪先生曰: "巧者言, 拙者默, 巧者勞, 拙者逸. 巧者賊, 拙者德, 巧者凶, 拙者吉. 嗚呼! 天下拙, 刑政撤, 上安下順, 風清弊絶."

6) 원문의 '졸拙' 자는 졸렬한, 옹졸한, 둔한 등 어감이 부정적인 단어처럼 해석될 소지가 있어 옮긴이는 '졸렬한'이란 어감의 부정적 의미를 상쇄하는 내포적인 의미에서 '소박한'이라는 의미로 해석했다.

24. 주제 파악

《주역》에서 말했다.

"덕이 미미하면서 지위가 높고, 지혜가 작으나 꾀하는 것이 크면, 재앙을 없애는 것도 드물 것이다."[7)]

易曰: "德微而位尊, 智小而謀大, 無禍者鮮矣."

25. 처음처럼 삼가라

《설원》에서 말했다.

"관리는 벼슬자리가 이루어지는 데서 게을러지고, 병은 조금 낫는 데서 더해지며, 재앙은 게으르고 나태한 데서 생기고, 효도는 처자식이 생기는 데서 사그라진다.

이 네 가지를 살펴서 처음처럼 나중에도 삼가야 한다."

說苑曰: "官怠於宦成, 病加於小愈, 禍生於懈惰, 孝衰於妻子. 察此四者, 愼終如始."

26. 겸손의 이유

그릇이 가득 차면 넘치고, 사람이 자만하면 잃는다.

器滿則溢, 人滿則喪.[8)]

---

7) 자기 분수에 맞게 처신하는 것이 보신의 첫걸음이다.

8) '상喪' 자 대신 이지러지다는 의미의 '휴虧' 자로 된 판본도 있다.

27. 시간 싸움

[길이가] 한 자나 되는 보옥도 [시간에 비하면] 보배가 아니니, 몹시 짧은 시간도 다투어라.

尺璧非寶, 寸陰是競.

28. 십인십색

양고기 국이 비록 맛있더라도, 여러 사람의 입맛에 맞추기는 어렵다.

羊羹雖美, 衆口難調.

29. 소나무와 잣나무처럼

《익지서》에서 이른다.

"흰 옥은 진흙 속에 던지더라도 그 빛을 더럽힐 수 없고, 군자는 혼탁한 곳에 가더라도 그 마음을 더럽히거나 어지럽힐 수 없다.

따라서 소나무와 잣나무는 눈과 서리를 견뎌내고, 밝은 지혜는 위험과 어려움을 극복할 수 있다."

益智書云: "白玉投於泥塗, 不能汚穢其色, 君子行於濁地, 不能染亂其心. 故松柏可以耐雪霜, 明智可以涉危難."

30. 호랑이 잡기보다 입 열기가 어렵다

산에 들어가 호랑이를 잡는 것은 쉬우나, 입을 열어 남에게 충고하기란 어렵다.

入山擒虎易, 開口告人難.

31. 이웃사촌이 낫다

먼 곳에 있는 물로는 가까이 있는 불을 끌 수 없고, 먼 곳에 있는 친척은 가까운 이웃만 못하다.

遠水不救近火, 遠親不如近隣.

32. 범접하지 못하는 힘

강태공이 말했다.

"해와 달이 비록 밝지만 엎어놓은 단지 밑은 비출 수 없고, 칼날이 비록 날카롭지만 죄 없는 사람은 베지 못하며, 나쁜 재앙과 횡액은 삼가는 집의 문 안에는 들어가지 못한다."

太公曰: "日月雖明, 不照覆盆之下, 刀刃雖快, 不斬無罪之人, 非災橫禍, 不入愼家之門."

33. 재물보다는 재주다

태공이 말했다.

"좋은 밭 일만 이랑이 있어도, 하찮은 재주를 제 몸에 지닌 것만 못하다."

太公曰: "良田萬頃, 不如薄藝隨身."

34. 역지사지

《성리서》에서 이른다.

"사물을 접하는 요체란 이것이니, 내가 하고자 하지 않는 바를 남에게 베풀지 말라.

행동하고도 얻음이 없거든 돌이켜 자신에게 [원인을] 찾으라."

性理書云: "接物之要, 己所不欲, 勿施於人, 行有不得, 反求諸己."

35. 죽지 않는 처방

술과 여색과 재물과 기운이라는 네 담장, 얼마나 많은 어진 이와 어리석은 자가 곁채 안에 [갇혀] 있는가?

만약 세상 사람이 [이곳을] 뛰쳐나올 수 있으면 곧 신선이 되는 죽지 않는 처방인 것임을.

酒色財氣四堵墻, 多少賢愚在內廂, 若有世人跳得出, 便是神仙不死方.

제13편

입교立敎

가르침을 세우다

이 편에서는 주로 교육의 필요성과 방향, 근검절약, 독서의 소중함, 삼강, 충신과 열녀 등이 어떤 의미가 있는지를 말하고 있다. 여기에 더해 정치를 함에 있어서 취해야 할 입장이나 공평무사한 일처리 등 실제 삶에 요긴한 방법론을 곁들이고 있다. 피지부존모장안부皮之不存毛將安傅란 말이 있다. 가죽이 없는데 어찌 털이 붙을 수 있겠느냐는 말이다. 무슨 일이든 근거하는 바가 있고 사람은 자신의 가치관에 따라 움직여야 한다는 것이다. 가정에서의 자녀 교육이나 부모 봉양 같은 기본이 되는 밑바탕 없이 제대로 된 교육이 이루어질 리 없으니 결국 가정의 의미는 퇴색할 수밖에 없다. 한편 계획의 중요함을 다룬 대목도 있다. "일생의 계획은 어릴 때에 있고, 1년의 계획은 봄에 있으며, 하루의 계획은 새벽에 있다. 어려서 배우지 않으면 늙어서 아는 것이 없고, 봄에 밭을 갈지 않으면 가을에 바랄 것이 없으며, 새벽에 일어나지 않으면 그날에 분별해서 할 일이 없다."

이처럼 계획이란 모든 일의 기반이 된다. 계획 없이 하는 일은 사상누각과 같다. 바른길로 갈 수 없고 수많은 시행착오를 낳을 뿐 아니라 실패의 낭떠러지로 곤두박질치게 될 것이다. 교육도 학습도 처음부터 치밀하게 계획을 세워 끈질기게 실천해야 바라는 열매를 거둘 수 있을 것이다.

1. 근본이 되는 여섯 가지

공자가 말했다.

"입신하는 데는 도의가 있으니 효도가 근본이 되고, 상제喪祭에는 예의가 있으니 슬퍼함이 근본이 되며, 전쟁의 진용에는 대열이 있으니 용맹이 근본이 된다.

정치를 하는 데는 이치가 있으니 농사가 근본이 되고, 나라를 지키는 데 원칙이 있으니 후사가 근본이 되며, 재물을 생산함에 시기가 있으니 역량이 근본이 된다."[1)]

子曰: "立身有義而孝爲本, 喪祀[2)]有禮而哀爲本, 戰陣有列而勇爲本. 治政有理而農爲本, 居國有道而嗣爲本, 生財有時而力爲本."

2. 일의 요체

《경행록》에서 이른다.

"정치를 하는 요체는 공정함과 청렴함이라고 한다.

집안을 이루는 원칙은 검소함과 부지런함이라고 한다."

景行錄云: "爲政之要, 曰: '公與淸. 成家之道.' 曰: '儉與勤.'"

---

1) 인생과 치국에 대한 여섯 가지 중요한 사안을 정리한 문장이다.

2) 원문의 '상사喪祀'가 《공자가어》 권4 〈육본六本〉에는 '상기喪紀'라고 되어 있다. 참고로 이 문장의 원문 전체는 《공자가어》 〈육본〉에 거의 그대로 수록되어 있는데, 문장의 몇몇 구절은 서로 다르다.

3. 네 가지

책을 읽는 것은 집안을 일으키는 근본이요, 이치를 따르는 것은 집을 잘 보존하는 근본이며, 부지런하고 검소한 것은 집을 다스리는 근본이며, 화목하고 순종하는 것은 집안을 가지런히 하는 근본이다.

讀書, 起家之本, 循理, 保家之本, 勤儉, 治家之本, 和順, 齊家之本.

4. 계획

《공자삼계도》[3]에서 이른다.

"일생의 계획은 어릴 때에 있고, 1년의 계획은 봄에 있으며, 하루의 계획은 새벽에 있다.

어려서 배우지 않으면 늙어서 아는 것이 없고, 봄에 밭을 갈지 않으면 가을에 바랄 것이 없으며, 새벽에 일어나지 않으면 그날에 분별해서 할 일이 없다."

孔子三計圖云: "一生之計, 在於幼, 一年之計, 在於春, 一日之計, 在於寅. 幼而不學, 老無所知, 春若不耕, 秋無所望, 寅若不起, 日無所辨."

---

3) 작자 미상의 책으로 어떤 분야, 내용인지도 명확히 알 수 없다.

5. 오륜, 사람답게 사는 법

《성리서》에서 이른다.

"다섯 가지 가르침의 조목이 있으니, 아버지와 자식 사이에는 서로 친함이 있어야 하고, 임금과 신하 사이에는 의리가 있어야 하며, 남편과 아내 사이에는 분별이 있어야 하고, 어른과 어린이 사이에는 차례가 있어야 하며, 친구 사이에는 믿음이 있어야 한다."

性理書云: "五教之目, 父子有親, 君臣有義, 夫婦有別, 長幼有序, 朋友有信."

6. 삼강, 세 가지 벼리

세 가지 벼리(그물을 잡아당기는 부분)가 있으니, 임금은 신하의 벼리가 되고, 아버지는 자식의 벼리가 되며, 남편은 아내의 벼리가 된다.

三綱, 君爲臣綱, 父爲子綱, 夫爲婦綱.[4)]

7. 충신과 열녀

왕촉[5)]이 말했다.

---

4) 이 문장은 원래 반고의 《백호통白虎通》〈삼강육기三綱六紀〉에 실려 있었다.

5) 전국시대 제나라 사람으로 이웃 연나라에 패배하자 항복하지 않고 자살했다.

"충신은 두 임금을 섬기지 않고, 열녀는 두 지아비를 거치지 않는다."[6]

王蠋曰: "忠臣不事二君, 烈女不更二夫."[7]

8. 공평과 청렴

충자가 말했다.

"벼슬함에는 공평만 한 것이 없고, 재물에 임함에는 청렴만 한 것이 없다."

忠子曰: "治官莫若平, 臨財莫若廉."

6) 유향劉向의 《열녀전列女傳》에 수록된 여성의 정절과 관련 있는 몇 가지 이야기를 살펴보자. 제나라 대부 기식杞植(자는 양梁)의 아내는 정절을 지킨 열부의 전형이다. 그녀는 교외에서 기식의 부음 소식을 듣고 통곡했는데, 곡소리가 성의 담을 무너뜨렸으며, 기식의 처는 결국 물에 빠져 죽었다. 한나라 때는 정절관이 보다 강화되었는데, 특히 한무제가 유가 학설만 중시함에 따라 유가에서 주장한 '남존여비男尊女卑', '불사이부不事二夫' 등의 관념이 널리 전파되었다. 물론 그렇다고 해서 한대 제왕들이 이런 도덕률을 준수하며 살았던 것은 아니다. 그들은 궁에 수만 명의 후궁을 두고 음란한 생활을 했다. 《한서》〈원황후전元皇后傳〉을 보면 이런 내용이 있다. "다섯 명의 제후 형제(각각 王譚, 王商, 王立, 王根, 王逢)가 사치를 다투고 있는데 후원에는 희첩姬妾이 각기 수십 명이고, 동노僮奴(어린 노비)가 1천여 명이며, 악기를 늘어놓고 정나라 여자가 춤을 추며, 광대가 있고 개와 말이 서로 따라다닌다."

7) 《명현집名賢集》에는 이 문장이 약간 다르게 "忠臣不事二君主, 烈女不事二夫郎"이라고 적혀 있어 의미가 좀 더 명확히 전달된다.

9. 안으로의 좌우명

장사숙[8]이 좌우명을 말했다.

"무릇 말은 충성되고 믿음이 있어야 한다.

무릇 행실은 반드시 돈독하고 공경스럽게 하라.

음식은 반드시 삼가고 절도가 있어야 한다.

글자의 획은 반드시 반듯하고 바르게 써라.

용모는 반드시 단정하고 엄숙히 하라.

의관은 반드시 정제하며 엄숙하라.

걸음걸이는 반드시 편안하고 자상하라.

거처하는 곳은 반드시 바르고 조용하라.

일하는 것은 반드시 계획을 세워 시작하라.

말을 할 때는 반드시 그 실천을 생각하라.

늘 덕을 반드시 굳게 지녀라.

일을 허락하는 것은 반드시 신중히 응하라.

선을 보거든 자기에게서 나온 것처럼 하라.

악을 보거든 자기의 병인 것처럼 하라.

무릇 이 열네 가지는 모두 내가 아직 깊이 성찰하지 못한 것이다.

이것들을 자리의 모퉁이에 써 붙여놓고 아침저녁으로 경계할 것이다."

張思叔座右銘曰: "凡語必忠信, 凡行必篤敬, 飮食必愼節, 字劃必楷正, 容貌必端莊, 衣

8) 송나라 장역張繹을 말하며 정호程顥의 문인으로 알려져 있다. '사숙'은 바로 그의 자字다.

冠必整肅, 步履必安詳, 居處必正靜, 作事必謀始, 出言必顧行, 常德必固持, 然諾必重應, 見善如己出, 見惡如己病. 凡此十四者, 皆我未深省, 書此當座隅, 朝夕視爲警."[9]

10. 밖에서의 좌우명

범익겸[10]이 좌우명을 말했다.

"첫째 조정에서의 이해관계와 변방의 보고 및 관직 임명에 대하여 말하지 않는다.

둘째, 주나 현 관원들의 좋은 점과 나쁜 점 및 얻음과 잃음에 대하여 말하지 않는다.

셋째, 여러 사람이 저지른 잘못된 일과 악한 일을 말하지 않는다.

넷째, 벼슬자리에 나가는 것과 시세를 엿봐 세력에 빌붙는 일에 대하여 말하지 않는다.

다섯째, 재물의 많고 적음과 가난을 싫어하고 부자가 되기를 구하는 것을 말하지 않는다.

여섯째, 음란한 농지거리나 여색을 평하는 논의를 말하지 않는다.

일곱째, 다른 사람의 물건을 요구하거나 술과 음식을 얻으려는 말을 하지 않는다.

또한 다른 사람이 부탁한 편지를 [중간에] 뜯어보거나 지체시켜서는 안 되며, 다른 사람과 같이 앉아 있으면서 다른 사람의 개인적인

9) 이 문장은《송명신언행록宋名臣言行錄》에 보이며《소학》〈가언嘉言〉76장에도 실려 있다.

10) 남송의 성리학자로 이름은 충冲이다.

글을 엿보아서는 안 된다.

무릇 다른 사람의 집에 들어갔을 때 남이 지어놓은 글을 보지 않는다.

다른 사람의 물건을 빌리고 나서 손상시키거나 돌려주지 않아서는 안 된다.

무릇 음식을 먹는 데 있어 가려 먹어서는 안 된다.

다른 사람과 같이 있으면서 자신만 편하려고 해서는 안 된다.

무릇 다른 사람의 부함과 귀함을 부러워하거나 헐뜯어서는 안 된다.

무릇 이러한 몇 가지 일을 어기는 자가 있으면 마음 쓰는 것이 현명하지 못한 것을 충분히 알 수 있으니, 마음을 보존하고 몸을 닦는 데 크게 해 되는 바가 있느니라.

이로 인하여 [이러한] 글을 써서 스스로 경계하노라."[11)]

范益謙座右銘曰: "一不言朝廷利害邊報差除. 二不言州縣官員長短得失. 三不言衆人所作過惡之事, 四不言仕進官職趨時附勢. 五不言財利多少厭貧求富, 六不言淫媟戲慢評論女色. 七不言求覓人物干索酒食. 又人付書信, 不可開坼沈滯, 與人幷坐, 不可窺人私書, 凡入人家, 不可看人文字, 凡借人物, 不可損壞不還. 凡喫飮食, 不可揀擇去取. 與人同處, 不可自擇便利. 凡人富貴, 不可歎羨詆毀, 凡此數事, 有犯之者, 足以見用意之不肖, 於存心修身. 大有所害, 因書以自警."

---

11) 이 문장은 조정에서의 이해관계를 비롯하여 주색을 경계하고 언행을 삼가는 등의 대인관계의 기본에 대해 말하고 있다.

11. 귀천과 부귀가 생기는 까닭

무왕[12)]이 태공에게 물었다.

"사람이 세상을 살아감에 있어 어찌하여 귀하고 천함과 가난과 부유함이 고르지 않습니까? 원컨대 당신의 설명을 듣고 이것을 알고자 합니다."

태공이 대답했다.

"부유함과 귀함은 성인의 덕과 같아서 다 천명으로부터 말미암습니다. 부유한 자는 쓰는 데 절도가 있고 부유하지 못한 자는 집안에 열 가지 도둑이 있습니다."

武王問太公曰: "人居世上, 何得貴賤貧富不等? 願聞說之, 欲知是矣." 太公曰: "富貴, 如聖人之德, 皆由天命, 富者, 用之有節, 不富者, 家有十盜."

12. 열 가지 도둑

무왕이 말했다.

"무엇을 열 가지 도둑이라고 합니까?"

태공이 대답했다.

"곡식이 익었는데도 [제때에] 거둬들이지 않는 것이 첫째 도둑이요,

거두고 나서 쌓아두는 것을 끝마치지 않는 것이 둘째 도둑이요,

---

12) 주나라 임금으로 성은 희姬씨이고 이름은 발發이며 문왕의 아들이다. 태공망 여상을 태사로 삼아 폭군 주왕을 토벌하고 주나라를 세운 인물이다.

하는 일도 없이 등불을 켜놓고 잠을 자는 것이 셋째 도둑이요,
게을러서 밭 갈지 않는 것이 넷째 도둑이요,
공력을 들이지 않는 것이 다섯째 도둑이요,
교활하고 해로운 일만 하는 것이 여섯째 도둑이요,
딸을 지나치게 많이 기르는 것이 일곱째 도둑이요,
낮잠 자고 일어나기를 게을리하는 것이 여덟째 도둑이요,
술을 탐하고 환락을 탐하는 것이 아홉째 도둑이요,
다른 사람을 몹시 질투하는 것이 열째 도둑입니다."

武王曰: "何謂十盜?" 太公曰: "時熟不收爲一盜, 收積不了爲二盜, 無事燃燈寢睡爲三盜, 慵懶不耕爲四盜, 不施功力爲五盜, 專行巧害爲六盜, 養女太多爲七盜, 晝眠懶起爲八盜, 貪酒嗜慾爲九盜, 强行嫉妬爲十盜."

13. 부유하지 못한 이유

무왕이 말했다.

"집 안에 열 가지 도둑이 없는데도 부유하지 못한 것은 무엇 때문입니까?"

태공이 말했다.

"[그런] 사람의 집에는 반드시 삼모三耗가 있을 것입니다."

무왕이 말했다.

"무엇을 삼모라고 말합니까?"

태공이 말했다.

"창고가 새거나 넘치는데도 가리지 않아 쥐와 새들이 마구 먹어 대는 것이 그 첫째의 모이며, 거두고 씨 뿌리는 데에 때를 놓치는 것이 그 둘째의 모이고, 곡식을 흩뜨려 더럽고 천하게 다루는 것이 그 셋째의 모입니다."

武王曰: "家無十盜而不富者, 何如?" 太公曰: "人家, 必有三耗." 武王曰: "何名三耗?" 太公曰: "倉庫漏濫不蓋, 鼠雀亂食, 爲一耗, 收種失時, 爲二耗, 抛撒米穀穢賤, 爲三耗."

14. 삼모 이외의 열 가지

무왕이 말했다.

"집에 삼모도 없는데 부유하지 못한 것은 무엇 때문입니까?"

태공이 말했다.

"[그런] 사람의 집에는 반드시 첫째 착錯(잘못), 둘째 오誤(그릇), 셋째 치痴(어리석음), 넷째 실失(과실), 다섯째 역逆(거스름), 여섯째 불상不祥(상서롭지 못함), 일곱째 노奴(상스러움), 여덟째 천賤(천함), 아홉째 우愚(어리석음), 열째 강强(강요)이 있어서 스스로 재앙을 부르는 것이지, 하늘이 재앙을 내리는 것이 아닙니다."

武王曰: "家無三耗而不富者, 何如?" 太公曰: "人家, 必有一錯, 二誤, 三痴, 四失, 五逆,六不祥, 七奴, 八賤, 九愚, 十强, 自招其禍, 非天降殃."

15. 열 가지 가르침

무왕이 말했다.

"원컨대 그 내용을 모두 듣고자 합니다."

태공이 말했다.

"아들을 기르면서 가르치지 않는 것이 첫째 잘못이요,

아주 어린 아이를 훈계하지 않는 것이 둘째 그름이며,

처음 신부를 맞아들여 엄하게 가르치지 않는 것이 셋째 어리석음이요,

말도 꺼내지 않았는데 먼저 웃는 것이 넷째 과실이요,

부모를 봉양하지 않는 것이 다섯째 거스름이요,

밤에 알몸으로 일어나는 것이 여섯째 상서롭지 못함이요,

다른 사람의 활을 당기기를 좋아하는 것이 일곱째 상스러움이요,

다른 사람의 말을 타기를 좋아하는 것이 여덟째 천함이요,

다른 사람의 술을 마시면서 다른 사람에게 권하는 것이 아홉째 어리석음이요,

다른 사람의 밥을 먹으면서 친구에게도 먹으라고 하는 것이 열째 강요입니다."

무왕이 말했다.

“정말 아름답고 진실되구나! 이 말씀이여!”

武王曰: “願悉聞之.” 太公曰: “養男不教訓, 爲一錯, 嬰孩不訓, 爲二誤, 初迎新婦不行嚴訓, 爲三痴, 未語先笑 爲四失, 不養父母, 爲五逆, 夜起赤身, 爲六不祥, 好挽他弓, 爲七奴, 愛騎他馬, 爲八賤, 喫他酒勸他人, 爲九愚, 喫他飯命朋友, 爲十强.” 武王曰: “甚美誠哉. 是言也.”

제14편

치정治政

정사를 다스리다

이 편에는 관직에 몸담고 있는 사람들이 교훈으로 삼을 만한 문장들이 실려 있다. 도끼로 맞아 죽더라도 간언하라는 말은 섬뜩할 정도다. 특히 청淸(청렴), 신愼(삼감), 근勤(근면)이라는 말은 오늘의 공직자들에게도 어김없이 적용될 수 있는 마음가짐의 기본이다. 공은 윗사람에게 돌리고 잘못은 자신의 탓으로 돌리라는 말 역시 어떤 조직이나 기관에서도 필요한 아름다운 마음가짐이 아니겠는가. 또 "너희의 녹봉은 [바로] 백성들의 기름이다. 아래에 있는 백성은 학대하기 쉽지만 위에 있는 푸른 하늘은 속이기 어렵다"는 말은 공직자는 스스로 삼가 겸손하게 국민을 섬기며 한 점 부끄러움이 없어야 한다는 사실을 다시금 상기하게 한다.

1. 사물을 아끼는 마음

명도 선생[1]이 말했다.

"처음으로 [벼슬을] 임명받은 선비[2]라도 진실로 물건을 아끼는 일에 마음을 두면 다른 사람이 보기에 반드시 구제할 만한 바가 있을 것이다."

明道先生曰: "一命之士, 苟存心於愛物, 於人必有所濟."[3]

2. 녹봉은 백성들의 기름

당 태종[4]이 어제에서 말했다.

"위로는 지휘하는 사람이 있고 중간에는 그것에 준하여 다스리는 관원이 있으며 아래로는 이에 따르는 백성이 있다.

예물로 받은 비단으로 옷을 지어 입고 곳간에 있는 곡식으로 밥을 지어 먹고 있으니 너희의 녹봉은 [바로] 백성들의 기름이다.

아래에 있는 백성은 학대하기 쉽지만 위에 있는 푸른 하늘은 속

---

1) 북송의 학자 정호程顥를 말하는데, 명도는 그의 시호이다. 주돈이를 스승으로 모시고 성리학의 발전에 지대한 공을 세웠는데 주로 우주의 본성과 사람이 같다는 만물일체萬物一體를 주장하고 왕안석이 주도하는 신법에 반대했다. 54세의 나이로 세상을 떠났지만, 주희의 학설에 버금가는 정학程學을 이끈 당대의 석학이었다.

2) 원문의 "일명지사一命之士"를 번역한 것으로 '일명一命'이란 '한 번의 명령'이란 의미다. 여기서는 '처음으로 관등官等을 받아 벼슬아치가 된 것'을 의미한다.

3) 이 문장은 《이정유서二程遺書》〈명도행장明道行狀〉에 나오는 글인데 《소학》〈가언嘉言〉 31장에도 소개되어 있다.

4) 당 태종이 아니라 송(宋) 태종(太宗)으로 교정해야 한다는 설도 있다(성백효 설).

이기 어렵다."

唐太宗御製云: "上有麾之, 中有乘之, 下有附之. 幣帛衣之, 倉廩食之, 爾俸爾祿, 民膏民脂. 下民易虐, 上蒼難欺."

3. 공직자의 세 법도

《동몽훈》[5]에서 말했다.

"관직을 맡았을 때의 법도는 오직 세 가지가 있으니 청淸(청렴)과 신愼(삼감)과 근勤(근면)이다. 이 세 가지를 알면 몸가짐에 대해 알게 된다."

童蒙訓曰: "當官之法, 唯有三事, 曰淸曰愼曰勤. 知此三者, 知所以持身矣."

4. 사납게 노여워하지 말라

관직을 맡은 자는 반드시 사납게 노여워하는 것을 삼가라.

일에 옳지 않음이 있거든 마땅히 자상하게 처리하면 반드시 들어맞게 될 것이다.

만약 먼저 심하게 성내면 오직 스스로를 해칠 뿐 어찌 다른 사람을 해롭게 할 수 있겠는가.[6]

當官者, 必以暴怒爲戒. 事有不可, 當詳處之, 必無不中, 若先暴怒, 只能自害, 豈能害人.

---

5) 송나라 여본중呂本中이 아이들을 가르치기 위해 지은 책으로 두 권으로 되어 있다.

5. 마음을 다하라

임금 섬기기를 어버이를 섬기듯 하며, 윗사람 섬기기를 형을 섬기듯 하고, 동료와 사귀기를 집안사람처럼 하며, 여러 낮은 벼슬아치 대하기를 [자기 집] 노복같이 하며, 백성 사랑하기를 처자식같이 하며, 관청 일 처리하기를 내 집안일처럼 하고 나서 그런 뒤에야 능히 내 마음을 다했다 할 것이다.

만약 털끝만큼이라도 지극함이 없으면 모두 내 마음에 아직 극진하지 못한 바가 있기 때문이다.

事君如事親, 事長官如事兄, 與同僚如家人, 待群吏如奴僕, 愛百姓如妻子, 處官事如家事, 然後能盡吾之心. 如有毫末不至, 皆吾心有所未盡也.

6. 나를 따르게 하는 방법

어떤 사람이 [이천伊川 선생에게] 물었다.

"주부主簿(관청의 수장을 보좌하는 직책)는 현령縣令을 보좌하는 사람입니다. 주부가 하고자 하는 바를 현령이 혹시 허락하지 않는다면 어떻게 합니까?"

---

6) 그래서 《중용》 제1장에서 "기쁨, 노여움, 슬픔, 즐거움을 발산하지 않는 것을 일컬어 '중'이라고 하고, 발산하지만 모두 절도에 들어맞는 것을 '화'라고 하니, '중'은 천하의 큰 본질이요, '화'는 천하의 통달한 도이다(喜怒哀樂之未發, 謂之中; 發而皆中節, 謂之和, 中也者, 天下之大本也; 和也者, 天下之達道也)"라고 한 말을 염두에 둘 필요가 있다. 여기서 정情은 희로애락을 드러내는 것을 의미하고, 성性은 아직 피어나지 않은 내면의 본성을 가리킨다. 그래서 중中은 희로애락이 밖으로 드러나지 않은 상태로, '감정의 절제'에 해당한다.

이천 선생이 말했다.

"마땅히 성실한 마음으로 그 사람을 움직여야 한다. 이제 현령과 주부가 화합하지 않는 것은 곧 사사로운 생각으로 다투는 것이다.

현령은 고을의 우두머리이니 만약 부형을 섬기는 도리로 그를 섬겨서 허물이 있으면 자기에게로 돌리고 잘한 것에 대해서는 현령에게 돌아가지 않을 것을 두려워하는 생각을 가지고, 이러한 성실한 마음을 쌓아나가면 어찌 사람을 움직이지 못하겠는가."

或問: "簿佐令者也. 簿欲所爲, 令或不從, 柰何?" 伊川先生曰: "當以誠意動之. 今令與簿不和, 便是爭私意. 令是邑之長, 若能以事父兄之道, 事之, 過則歸己, 善則唯恐不歸於令, 積此誠意, 豈有不動得人."

7. 백성을 대하는 법

유안례[7)]가 백성에게 임하는 도리를 묻자 명도 선생이 말했다.

"백성으로 하여금 각자 자신의 뜻을 펴게 할 것이다."

낮은 벼슬아치를 거느리는 도리를 물었다.

"자신을 바르게 함으로써 사물을 바르게[8)] 하는 것이다."

劉安禮問臨民, 明道先生曰: "使民各得輸其情." 問御吏, 曰: "正己以格物."

---

7) 북송 때의 학자로 자는 원소元素이다. 학문이 깊었으며 책을 많이 읽기로 유명했다.

8. 간언은 충신의 자격

《포박자》[9]에서 말했다.

"도끼[10]를 맞이하고(죽음을 각오하고)도 바르게 간언하고, 솥단지에 넣으려(삶아 죽이는 형벌) 해도 할 말을 다하면 이런 사람이야말로 충신이라고 할 수 있다."

抱朴子曰: "迎斧鉞而正諫, 據鼎鑊而盡言, 此謂忠臣也."

---

8) 원문의 '격물格物'을 해석한 것으로 사물의 참된 모습을 밝혀야 명확한 지식을 얻을 수 있다는 뜻으로, 격치格致라고도 한다. 《예기》의 한 편명이었다가 사서로 자리매김하게 된 《대학大學》에 삼강령三綱領과 팔조목八條目이 있다. 삼강령은 '대학의 길〔大學之道〕'로서 밝은 덕을 밝히고〔明明德〕, 백성을 새롭게 하며〔親民〕, 지극한 선에 이르게 하는〔止於至善〕 세 갈래의 길이고, 이 삼강령을 실현하기 위한 팔조목이 격물格物, 치지致知, 성의誠意, 정심正心, 수신修身, 제가齊家, 치국治國, 평천하平天下이다. 《대학》의 원문은 이렇다. "지식에 이르는 것은 사물을 궁구히 하는 데에 있다. 사물의 이치가 이루어진 이후에야 지식에 이르게 되고, 지식에 이르게 된 뒤에야 마음이 바르게 된다. 마음이 바르게 된 뒤에야 몸이 닦인다. 몸이 닦인 뒤에야 집안이 가지런해진다. 집안이 가지런해진 뒤에야 나라가 다스려진다. 나라가 다스려진 뒤에야 천하가 고르게 된다〔致知在格物, 物格而后知至, 知至而后意誠, 意誠而后心正, 心正而后身修, 身修而后家齊, 家齊而后國治, 國治而后平天下〕." '격물'에 대한 해석은 정현鄭玄이 처음으로 내놓았다. "'격格'은 '올 래來' 자다. '물物'은 '일 사事' 자와 같다. 그 지식이 선에 깊으면 선한 일을 따라오게 하고, 그 지식이 악에 깊으면 악한 일을 따라오게 한다. 일은 사람이 좋아하는 것에 따라오게 됨을 말하는 것이다〔格, 來也. 物, 猶事也. 其知於善深, 則來善物. 其知於惡深, 則來惡物. 言事緣人所好來也〕." 이후 공영달孔穎達, 이고李翱, 사마광司馬光, 정호程顥, 정이程頤 등의 해석이 이어졌고, 남송 주희朱熹가 "사물의 원리를 궁구히 밀고 나가 그 지극한 곳에 이르지 않는 곳이 없게 하려는 것이다〔窮推至事物之理, 欲其極處無不到也〕"라고 재해석함으로써 사물의 원리와 법칙을 분명히 연구하고 총결하여 이성적 지식을 터득해야 한다는 결론에 이르렀다.

9) 갈홍葛洪이 지은 책으로 내편內篇 20편, 외편外篇 50편으로 이루어져 있다. 내편에서는 도교 사상을 서술하고 있고, 외편에서는 사회 전반에 걸쳐 여러 사안을 논하고 있다.

10) 원문의 '부월斧鉞'을 번역한 것으로 작은 도끼와 큰 도끼라는 의미인데 여기서는 죄인의 목을 베는 도구를 가리키며 형벌을 비유한다.

제15편

치가治家

집안을 다스리다

제목대로 집안을 다스리는 글이 주로 실려 있다. 동양에서 가정은 모든 일의 기본이다. 손님 접대, 결혼에 임하는 자세, 남편과 부인의 응대법 등등 가정은 인성 교육에서 가장 중요한 공간이었다. 수신과 제가의 문제는 오늘날의 가치관에서 보더라도 대단히 중요한 삶의 기준이 된다. 가정교육이야말로 인격의 성숙과 삼라만상을 두루 조망하는 자세를 갖추어 '평천하'라는 구상을 실현할 수 있는 소중한 공간이라는 점을 설파하고 있다. "시집가고 장가들면서 재물을 논하는 것은 오랑캐의 도리다"라는 문중자의 말은 세간의 평판에 휘둘리고 허례허식에 찌든 우리네 결혼 문화를 질타하는 느낌이 들기도 한다.

1. 어른에게 여쭤보라

사마온공이 말했다.

"무릇 낮은 자리에 있거나 나이 어린 사람들은 일이 크거나 작거나 가리지 말고 제멋대로 하지 말며 반드시 집안 어른에게 여쭤보고 해야 한다."[1)]

司馬溫公曰: "凡諸卑幼, 事無大小, 毋得專行, 必咨稟於家長."

2. 풍성과 절대의 차이

손님 접대는 풍성하게 하지 않을 수 없고, 집안 살림살이는 검소하게 하지 않을 수 없다.

待客不得不豐, 治家不得不儉.

1) 이 구절은 스스로 판단하는 것을 경계해야 한다는 뜻이다. 모든 일은 절차를 거쳐야 하고, 항상 물어본 뒤에 처신해야 한다는 근신의 미덕을 중시한 것으로 다음과 같은 문장을 염두에 두고 읽을 필요가 있다. "공자께서 태묘에 들어가서는 매사를 물으셨다. 어떤 사람이 말했다. '누가 추 땅의 아들이 예를 안다고 말했는가? 태묘에 들어서는 매사를 묻더라.' 공자께서 그 말을 듣고 말씀하셨다. '이것(매사를 묻는 것)이 예다.'〔子入太廟, 每事問. 或曰: '孰謂鄹人之子知禮乎? 入太廟, 每事問.' 子聞之, 曰: '是禮也.'〕" (《논어》〈팔일〉) 물론 여기서 공자가 질문을 던지는 대상은 비록 다르지만 기본적인 태도와 시각은 그 맥락이 같지 않은가.

3. 두려움과 공경 사이

태공이 말했다.

“어리석은 사람은 아내를 두려워하고 현명한 여자는 남편을 공경한다.”

太公曰: “痴人畏婦, 賢女敬夫.”

4. 노복 부리는 법

무릇 노복을 부릴 때는 먼저 [그들의] 배고픔과 추위를 생각하라.[2)]

凡使奴僕, 先念飢寒.

5. 효도와 화목

자식이 효도하면 어버이가 즐겁고, 집안이 화목하면 모든 일이 이루어진다.

子孝雙親樂, 家和萬事成.

---

2) 노복이란 주인의 수고로움을 덜어주는 고마운 존재임을 생각하고 그들의 생계를 책임지라는 말로, 이이의 《격몽요결》 〈거가장居家章〉 제8에도 “기어비복, 필수진념기한其於婢僕, 必須軫念飢寒”이라는 비슷한 뜻이 담긴 문장이 나온다.

6. 유비무환

때때로 불이 나는 것을 막고, 밤마다 도둑이 오는 것을 방비하라.

時時防火發, 夜夜備賊來.

7. 흥성할 집안

《경행록》에서 이른다.

"아침저녁의 이르고 늦음을 보아 가히 그 사람의 집안이 흥하고 쇠함을 점칠 수 있다."

景行錄云: "觀朝夕之早晏, 可以卜人家之興替."

8. 혼사의 금기

문중자[3]가 말했다.

"시집가고 장가들면서 재물을 논하는 것은 오랑캐의 도이다."

文仲子曰: "婚娶而論財, 夷虜之道也."

---

3) 수나라 왕통王通의 시호이다. 그는 수나라 말기의 학자로 열 권으로 된《중설中說》을 남겼다. 이 책을 그의 시호를 따《문중자文仲子》라고도 한다. 책의 성격은 문인들과의 문답을 기록한 것으로, 왕도王道, 사군事君, 입명立命 등의 편명으로 알 수 있듯이 군주를 돕는 제왕의 도에 관한 내용도 적지 않다. 본문의 문장도《중설》〈사군〉편에 나오는 말이다.

제16편

안의安義

의로움에 편안하라

이 편은 매우 짧은 몇 가지 이야기로 구성되어 있다. '의義'자는 '의宜'라는 글자와 통하니, 마땅함이란 개념과도 통한다. 의로움이란 사람과 사람 사이에 꼭 필요한 관계론이자 부부와 형제, 친척 사이에도 꼭 지켜야 하는 도의이다. 다시 말해 사람과 사람이 관계를 맺을 때 요청되는 절도와 예의를 준수하는 것이 바로 의義다. "부유하다고 친하지 않으며, 가난하다고 멀리하지 않음은 이것이 바로 사람 가운데 대장부"라는 소동파의 가르침을 들으면 '의'가 거창한 개념이라기보다 인간이 지켜야 할 기본 도리가 아닌가 생각하게 된다.

1. 부부, 부자, 형제 사이

《안씨가훈》[1]에서 말했다.

"백성이 있고 난 뒤에 부부가 있고, 부부가 있고 난 뒤에 부자가 있고 부자가 있고 난 뒤에 형제가 있다. 한 집안의 친속은 이 세 가지뿐이다. 여기로부터 나아가 구족九族[2]에 이르기까지는 모두 이 삼친에 뿌리를 두고 있으므로 인륜에 있어서 중요한 것이니 돈독하게 하지 않으면 안 된다."

顔氏家訓曰: "夫有人民而後, 有夫婦, 有夫婦而後, 有父子, 有父子而後, 有兄弟, 一家之親, 此三者而已矣, 自玆以往. 至于九族, 皆本於三親焉. 故於人倫爲重也, 不可無篤."

2. 형제는 수족, 부부는 의복

장자가 말했다.

"형제는 손발과 같고 부부는 의복과 같으니 의복이 해졌을 때는 새것으로 갈아입을 수 있지만 손발이 끊어진 곳은 잇기가 어렵다."[3]

莊子曰: "兄弟爲手足, 夫婦爲衣服, 衣服破時更得新, 手足斷處難可續."

---

1) 남북조 문인 안지추顔之推가 가족 윤리 정립을 위해 지은 책으로 주로 치가治家하는 법을 다루고 있다.

2) 구족이란 고조高祖, 증조曾祖, 조祖, 부父, 자신, 자子, 손孫, 증손曾孫, 현손玄孫, 고손高孫의 직계 친족을 중심으로 방계 친족인 고조의 4대손代孫이 되는 형제와 종형제, 재종再從형제, 삼종三從형제를 모두 포함한다.

3) 이 역시 장자가 한 말이 아니고《장자》라는 책에도 없다.

3. 대장부와 소인배

소동파가 말했다.

"부유하다고 친하지 않으며, 가난하다고 멀리하지 않음은 이것이 바로 사람 가운데 대장부이고, 부유해서 찾아오고 가난해서 물러남은 이것이 바로 사람 가운데 소인배이다."

蘇東坡云: "富不親兮貧不疏, 此是人間大丈夫, 富則進兮貧則退, 此是人間盡小輩."

제17편

준례遵禮

예의를 준수하라

이 편에서는 공자의 말씀을 시작으로 사람이 사람을 만날 때는 특히 예의를 지켜야 한다고 가르친다. 예절은 더불어 사는 인간 사회에서는 반드시 필요한 덕목이지만, 지나치면 경직되기 십상이고 자칫하면 예절의 근본정신을 망각하고 형식에 치우치는 경향도 낳는다. 《논어》를 보면, 공자의 제자 유자有子는 "예의 쓰임은 조화를 귀하게 여긴다(禮之用, 和爲貴)"라고 했으며, 공자는 "예절이란 사치스럽기보다는 차라리 검소하라(禮與其奢也, 寧儉也)"라고 했다.

1. 예의의 존재 이유

공자가 말했다.

"집 안에 거처함에 예의가 있으므로 어른과 아이의 분별이 있고, 규방에는 예의가 있으므로 삼족(부모·형제·자손)이 화목하게 되고, 조정에 예의가 있으므로 벼슬의 순서가 있고, 사냥에 예의가 있으므로 군대 일이 숙련되고,[1] 군대에 예의가 있으므로 무공이 이루어진다."

子曰: "居家有禮故, 長幼辨, 閨門有禮故, 三族和, 朝廷有禮故, 官爵序, 田獵有禮故, 戎事閑, 軍旅有禮故, 武功成."

2. 용맹의 시각차

공자가 말했다.

"군자가 용기는 있으나 예가 없으면 난을 일으키게 되고, 소인이 용기만 있고 예가 없으면 도적이 될 것이다."

子曰: "君子有勇, 而無禮爲亂, 小人有勇, 而無禮爲盜."[2]

---

1) 원문 "융사한戎事閑"을 번역한 것인데, '융사'란 군사, 전쟁을 뜻하고, "한閑"은 여기서 '숙련되다'라는 뜻으로 쓰였다.

2) 《논어》 〈양화陽貨〉 편의 "君子有勇而無義爲亂, 小人有勇而無義爲盜"라는 문장이 약간 변형된 것인데, 공자의 제자 자로가 "군자는 용기를 숭상합니까(君子尙勇乎)?"라고 묻자 공자가 "군자는 의를 최상으로 여긴다(君子義以爲上)"라고 대답하고 나서 한 말이다. 즉 '예禮' 자를 '의義' 자로 바꾸어놓았을 뿐 전체적인 문맥은 같다.

3. 곳에 따라 평가 대상이 다른 법

증자曾子[3]가 말했다.

"조정에는 벼슬만 한 것이 없고, 마을에는 나이만 한 것이 없으며 세상을 돕고 백성을 기르는 데에는 덕만 한 것이 없다."

曾子曰: "朝廷莫如爵, 鄕黨莫如齒, 輔世長民莫如德."

4. 도를 거스르지 말라

늙은이와 젊은이, 어른과 아이는 하늘이 나누어놓은[4] 질서이니, 이치를 어기고 도를 손상시켜서는 안 된다.

老少長幼, 天分秩序, 不可悖理而傷道也.

5. 삼가라

문을 나설 때는 귀중한 손님을 만나듯 하고,[5] 방으로 들어설 때에는 사람이 있는 것처럼 하라.

出門如見大賓, 入室有如人.

---

3) 공문의 재전제자들이 증삼曾參을 높인 칭호이다. 증삼의 자는 자여子輿로서 효성이 지극하여 널리 이름이 알려졌다. 공자가 세상을 떠난 후 유약을 공자 대신 추대하여 제자들의 참배를 받도록 하였는데, 그는 따르지 않았다고 한다. 공문십철孔門十哲에는 증자가 들어 있지 않지만, 송유宋儒가 도통을 세울 때 그를 극히 높이 받들었다. 명대에는 증자를 "복성復聖"으로 봉하여 유약보다도 앞에 두었으며 그의 위상은 안회를 능가할 정도였다.

4) 원문의 "천분天分"을 번역한 것으로 '천분'이란 '천품天品', '천성天性'과 같은 개념이다.

6. 역지사지

만일 남이 나를 정중히 대해줄 것을 바란다면 내가 남을 정중하게 대하면 될 뿐이다.

若要人重我, 無過我重人.

7. 부자 사이에 말하지 말아야 할 것

아버지는 자식의 덕을 말하지 말 것이며, 자식은 아버지의 허물을 말하지 않는다.

父不言子之德, 子不談父之過.

5) 이 문장은《논어》〈안연〉 편에 나오는데, 내용은 이렇다. "중궁이 인仁에 대해 여쭈었다. 공자께서 말씀하셨다. '문을 나서면 귀중한 손님을 뵙듯이 하고, 백성을 부릴 때는 큰 제사를 받들 듯이 [신중히] 하여라. 자기가 하고자 하지 않는 바를 다른 사람에게 베풀지 말아야 한다. [이렇게 하면] 경대부의 집에서 원망하는 사람이 없고, [대신들의] 집에서도 원망하는 사람이 없을 것이다.' 중궁이 말했다. '제가 비록 영민하지는 못하지만, 이 말씀을 받들겠습니다'(仲弓問仁. 子曰: 出門如見大賓, 使民如承大祭. 己所不欲, 勿施於人. 在邦無怨, 在家無怨. 仲弓曰: 雍雖不敏, 請事斯語矣)."

제18편

언어言語

말을 삼가라

이 편에서는 언어생활의 중요성을 말하고 있다. 교언영색巧言令色, 즉 말을 교묘하게 하고 얼굴빛을 꾸민다는 말이 있다. 또 다언삭궁多言數窮이란 말이 있다. 말을 많이 할수록 자주 궁색하게 된다는 의미로《도덕경》5장의 다음 구절에 나온다. "비어 있는데도 다함이 없고, 움직일수록 더욱 [바람 소리가] 나오는구나. 말을 많이 할수록 자주 궁색하게 되니, [풀무나 피리처럼] 빈 속을 지키는 것만 못하다(虛而不屈, 動而愈出. 多言數窮, 不如守中)." 이를 통해 자신을 과시하거나 구구절절 논리를 펼쳐 자신의 주장을 관철하려는 것이 얼마나 어리석은지를 강조하고 있다. 노자가 보기에 말을 많이 하는 것은 유위有爲의 차원이기에 한계가 존재하며 늘 위기를 맞을 수밖에 없다. 노자는《도덕경》23장 첫머리에서도 "희언자연希言自然", 즉 말을 많이 하지 않아야 자연스럽다고 했다. "다언多言"이란 바로 노자가 말한 "희언希言" 그리고 공자가 말한 "눌언訥言"과 반대되는 개념으로 부정적으로 한 말이다.

진실성 있는 말 한마디가 필요할 뿐 가식 어린 여러 말은 아무런 가치도 없다. 말은 사람의 인격과 품격을 나타낼 뿐만 아니라 나라의 운명을 좌우하기도 하고 한 개인의 생사를 좌우하기도 한다.

다시 한번 노자의 저 유명한 말을 떠올려본다. "믿음직스러운 말은 아름답지 않고, 번지르르한 말은 믿음직스럽지 않다. 선한 사람은 말을 잘하지 못하고, 말을 잘하는 사람은 선하지 않다(信言不美, 美言不信. 善者不辯, 辯者不善)."(《도덕경》81장) 이렇듯 노자는 '미언'에 대해서 상당히 부정적이었는데, 이유는 간단히 말해 가식으로 덧칠되어 있어 참되지 않기 때문이다. 어찌되었든 도가든 유가든 법가든 다변多辯은 주창하지도 높이 쳐주지도 않았다.

1. 무언의 힘

유회[1]가 말했다.

"말이 이치에 맞지 않으면 말하지 않는 것만 못하다."[2]

劉會曰: "言不中理, 不如不言."

2. 말은 이치에 맞아야

한마디 말이 [이치에] 맞지 않으면 천 마디 말도 쓸모가 없다.

一言不中, 千語無用.

3. 입과 혀

군평[3]이 말했다.

"입과 혀는 재앙과 근심의 근본이며, 자신을 망치는 도끼다."[4]

君平曰: "口舌者, 禍患之門, 滅身之斧也."

---

1) 중국 남조南朝 제齊나라의 문장가이다.

2) 남에 대한 험담을 식은 죽 먹기로 하지만 혀 밑에 도끼가 들어 있다는 속담이 있지 않은가. 온갖 재앙이 말로 인해 생기는 만큼 항상 말조심을 할 필요가 있다.

3) 전한 시대의 촉나라 사람으로, 점치는 데 능한 자로 알려져 있다.

4) 말 한마디 하기 전에 세 번 생각하라는 서양 속담이나 말 한마디가 천 냥 빚을 갚는다는 우리 속담이 말해주듯 말은 늘 삼가야 한다.

4. 말의 힘

다른 사람을 이롭게 하는 말은 솜과 같이 따사롭고 다른 사람을 상하게 하는 말은 가시처럼 날카롭다.

한마디 말이 사람을 이롭게 함은 천금과 같이 귀중하고 한마디 말이 사람을 다치게 함은 칼로 베는 것처럼 아프다.

利人之言, 煖如綿絮, 傷人之語, 利如荊棘, 一言利人, 重値千金, 一語傷人, 痛如刀割.

5. 막고 감추라

입은 사람을 상하게 하는 도끼요, 말은 혀를 베는 칼이니, 입을 막고 혀를 깊이 감추면 몸을 어디에 두나 편안하다.

口是傷人斧, 言是割舌刀, 閉口深藏舌, 安身處處牢.

6. 두 가지 마음

사람을 만나서 또한 10분의 3만 말하되 한 조각 마음까지 모두 던져서는 안 될 것이니, 호랑이 입이 세 개라도 두려워 말고, 다만 사람들의 두 가지 마음을 두려워하라.

逢人且說三分話, 未可全抛一片心, 不怕虎生三個口, 只恐人情兩樣心.

7. 술과 말

술은 나를 아는 친구를 만나면 천 잔도 적고, 말은 뜻이 맞지 않으면 한마디도 많다.

酒逢知己千鍾少, 話不投機一句多.

제19편

교우交友

친구를 잘 사귀어라

친구를 사귀는 일은 모든 인간관계의 기본 축이 된다고 해도 지나치지 않을 만큼 중요하다. 혈연으로 맺어지는 가족관계 못지않게 끈끈한 인간적 유대감이 생기는 것이 친구 사이이기 때문이다. 널리 알려져 있듯이《논어》〈안연〉 편에는 벗을 사귀는 도리에 대한, 공자와 자공의 대화가 나온다. 자공이 교우의 도리에 대해 여쭈었을 때 공자의 말은 이러했다. "충심으로 말하여 잘 이끌어주고, 그것을 할 수 없다면 그만두어야지, 스스로 욕됨을 없게 해야 한다(忠告而善道之, 不可則止, 毋自辱焉)." "군자는 글(학문)을 통해 벗을 모으고 벗을 통해 인仁을 돕는다(君子以文會友, 以友輔仁)"는 증자의 말도 이런 맥락에서 이해된다. "벗을 사귄다는 것은 그 사람의 덕을 벗하는 것이다(友也者, 友其德也)"라고 한 맹자의 말도 되새겨 볼 일이다.

진실한 친구란 무엇보다 의리가 있어야 하며 함께 지내는 가운데 자연스럽게 진면목이 드러난다. "서로 아는 사람이 천하에 가득하되 마음을 알아주는 사람이 몇이나 되겠는가"라는 말 역시 참된 벗은 실로 귀한 존재임을 일깨워준다.

1. 군자가 택해야 할 것

공자가 말했다.

"착한 사람과 함께 지내면 마치 향기로운 난초가 있는 방에 있는 듯하여 오래도록 그 향을 맡지 못하더라도 곧 그것과 더불어 동화될 것이요,

착하지 못한 사람과 함께 지내면 마치 생선 가게에 들어간 것과 같아서 오래도록 그 냄새를 맡지 못하더라도 또한 그것과 더불어 동화될 것이니 붉은 것을 지니고 있으면 붉어지고 [검은] 옻을 지니고 있으면 검어진다.

이 때문에 군자는 반드시 그 있는 곳을 삼가서 택한다."[1]

子曰: "與善人居, 如入芝蘭之室, 久而不聞其香, 卽與之化矣, 與不善人居, 如入鮑魚之肆, 久而不聞其臭, 亦與之化矣, 丹之所藏者赤, 漆之所藏者黑. 是以君子, 必愼其所與處者焉."[2]

1) 맹모삼천孟母三遷이란 말이 있다. 《열녀전》 〈모의전母儀傳〉에 나오는 말이다. 맹자는 어린 나이에 아버지를 여의고 어머니 밑에서 자랐다. 맹자의 어머니는 자식 교육에 남다른 열의를 갖고 있었다. 맹자와 어머니는 처음에 공동묘지 근처에서 살았는데, 맹자가 매일같이 일꾼들이 묘지 파는 흉내만 내며 놀았다. 맹자 어머니는 이러다가는 아들을 큰 인물로 기를 수 없다고 판단하여 곧장 짐을 꾸려 시장 근처로 이사했다. 그러자 맹자는 물건을 파는 장사꾼 흉내만 내며 놀았다. 이곳도 자식을 키우기에는 적합하지 못하다고 판단한 어머니는 다시 짐을 꾸려서 이번에는 서당 근처로 옮겼다. 그러자 맹자는 늘 글 읽는 흉내를 내고 놀거나 제사 때 쓰는 기구들을 늘어놓고 제사 예절을 흉내 내며 놀았다. 맹자의 어머니는 그제야 자식 교육에 더없이 좋은 장소로 왔다며 기뻐했다.

2) 이 문장은 《공자가어》 〈육반〉 편에 보인다.

2. 그래서 친구다

《가어》에서 이른다.

"배우기를 좋아하는 사람과 함께 가면 안개 속을 가는 것과 같아서 비록 옷을 적시지 않더라도 때때로 물기가 배어들지만,

무식한 사람과 함께 가면 변소에 앉아 있는 것과 같아서 비록 옷을 더럽히지 않더라도 때때로 그 냄새를 맡게 된다."

家語云: "與好學[3]人同行, 如霧露中行, 雖不濕衣, 時時有潤, 與無識人同行, 如厠中坐, 雖不汚衣, 時時聞臭."

3. 안평중의 사귐

공자가 말했다.

"안평중[4]은 사람들과 잘 사귀어서, 오랜 시간이 지나도 [사람들은]

3) '호학好學'은 기본적으로 물질적 욕망에 사로잡히지 않겠다는 마음가짐이 배어 있으니, 저 유명한 공자의 말을 곱씹어볼 일이다. "군자는 먹음에 배부름을 추구하지 않고, 거처함에 편안함을 추구하지 않으며, 일처리하는 데 민첩하고 말하는 데는 신중하며, 도가 있는 곳에 나아가 스스로를 바로잡는다면, 배우기를 좋아한다고 말할 수 있을 뿐이다〔君子食無求飽, 居無求安, 敏於事而愼於言, 就有道而正焉, 可謂好學也已〕."(《논어》〈학이〉)

4) 공자가 존경한 인물로 손꼽히는 안평중은 안영晏嬰이며, 자가 평중이다. 춘추시대 제나라의 영공靈公, 장공莊公, 경공景公 등 3대에 걸쳐 재상을 지내며 50년 동안 집정하면서 제나라를 중흥시켜 제후들 사이에 이름을 떨쳤다. 그는 2인자 행동 미학의 귀감을 보여 결단력과 슬기와 해학이 넘쳤고, 제갈공명이 극찬할 만큼 내치에도 뛰어났다. 평생 동안 단 한 번도 긴장을 풀지 않았다고 하며 30년간 단벌로 생활할 만큼 검소했고 밥상에 고기반찬을 두 가지 이상 놓지 못하게 하고 첩에게는 비단옷을 입지 못하게 했다. 또 조정에 나아가서는 임금이 물으면 바르고 신중하게 대답하고, 묻지 않을 때에는 몸가짐을 조신하게 했다. 그러면서도 직언을 서슴지 않은 명재상이었다.

그를 공경한다."

子曰: "晏平仲, 善與人交. 久而敬之."

4. 나를 알아주는 사람

서로 아는 사람이 천하에 가득하되 마음을 알아주는 사람이 몇이나 되겠는가.[5)]

相識滿天下, 知心能幾人.

5) 《열자》〈탕문湯問〉 편에는 전국시대 진晉의 대부大夫로 거문고의 명인인 유백아兪伯牙라는 이가 나온다. 백아가 거문고를 탈 때면 친구 종자기鍾子期가 들으며 좋아했다. 종자기는 백아가 거문고를 탈 때의 심리 상태가 슬프든 기쁘든 괴롭든 언제나 소리를 정확히 이해하고 감상할 수 있었다. 종자기는 거문고의 현을 떠나 들려오는 소리에 자기 감정을 정확히 담아내는 백아의 재주를 매우 아꼈다. 하루는 백아가 거문고를 타면서 높은 산에 오르는 생각을 했는데, 종자기가 이렇게 말했다. "훌륭해! 높고 험한 것이 태산 같군!" 또 흐르는 물을 생각하며 거문고를 타자 이렇게 말했다. "훌륭해! 넘실거리는 것이 강물 같군!" 하루는 백아가 태산 북쪽으로 놀러 갔다가 갑자기 폭우가 쏟아져 바위 아래에서 비를 피하게 되었다. 그는 문득 마음이 슬퍼져서 거문고를 당겨 이런 심사를 노래했다. 처음에는 비가 내리는 곡조로 연주했고, 다음에는 산이 무너지는 소리를 만들었다. 곡조를 연주할 때마다 종자기는 백아의 마음을 다 알았다. 백아가 거문고를 놓고 탄식하며 말했다. "훌륭해! 훌륭해! 자네가 소리를 들을 줄 아는 것이. 뜻과 생각과 표현하는 것이 내 마음과 같아! 내 음악 소리가 그대로부터 도망칠 곳이 있겠는가?" 그러던 어느 날 종자기가 세상을 떠나고 말았다. 그러자 백아는 절망한 나머지 자기 거문고 소리를 들을 만한 사람이 없다며 애지중지하던 거문고 줄을 끊어버리고 다시는 거문고를 타지 않았다. 당나라 시인 오융吳融도 〈대규파금부戴逵破琴賦〉라는 작품에서 "백아가 줄을 끊은 것은 친구의 도리를 증명하는구나(伯牙絶絃, 但證知音之道)"라고 했다.

5. 술 마실 때의 친구란

술 마시고 밥 먹을 때의 형, 아우 하던 자들은 천 명이나 되더니, 급하고 어려울 때의 친구는 한 명도 없네.[6)]

酒食兄弟, 千個有, 急難之朋, 一個無.

6. 의리 없는 친구

열매를 맺지 않는 꽃은 심지 말고 의리 없는 친구는 사귀지 말라.

不結子花, 休要種, 無義之朋, 不可交.

7. 사귐의 두 유형

군자의 사귐은 물처럼 담박하고,[7)] 소인의 사귐은 단술처럼 달콤하네.

君子之交, 淡如水, 小人之交, 甘若醴.[8)]

---

6) 이 문장을 보면 한유가 유종원이 죽고 나서 그와 나눈 우정을 말한 글이 생각난다. 〈유자후묘지명柳子厚墓誌銘〉이라는 글에 이런 내용이 있다. "사람이 어려운 처지에 놓였을 때 비로소 참다운 의리를 알 수 있다. 평상시 아무 일도 없을 때는 서로 그리워하고 즐거워하며 연회석상에 놀러 다니며 서로 사양하고, '손을 잡고 폐와 간을 서로 보여주며 해를 가리켜 눈물을 흘리며 죽어도 배반하지 않는다고 맹세할 수 있다〔握手出肺肝相示, 指天日涕泣, 誓生死不相背負〕'. 그러나 일단 머리칼 한 가닥만큼이라도 이해관계가 생기면 거들떠보지도 않고 아는 척도 하지 않는다. 함정에 빠져도 손을 뻗어 구해주기는커녕 오히려 더 깊이 차 넣고 돌을 던지는 게 대부분이다. 이런 행위는 짐승이나 오랑캐도 차마 하지 못하는 바인데 그런 사람들은 스스로 계책을 얻었다고 자부하나, 유자후의 풍모에 대한 이야기를 들으면 다소 부끄러워할지도 모르겠다."

8. 겪어보라

길이 멀어야 말(馬)의 힘을 알 수 있고, 날이 오래되어야만 사람의 마음을 알 수 있다.[9)]

路遙知馬力, 日久見人心.

---

7) 군자는 이해관계에 따라 사람을 사귀지 않는다는 말이다. 그래서 나온 말이 문경지교刎頸之交, 금란지교金蘭之交, 수어지교水魚之交 등이다. 이에 비해 소인의 사귐은 마치 저잣거리나 길거리에서의 사귐과 같아 시도지교市道之交라는 말이 생겼다.

8) 《장자》〈산목山木〉 5장에 비슷한 구절이 있다. "군자의 사귐은 담담하기가 물과 같고 소인의 사귐은 달기가 식혜와 같다. 군자는 담담함으로 친해지고 소인은 달콤함으로 절교하게 된다(君子之交淡若水, 小人之交甘若醴. 君子淡以親, 小人甘以絶)." 한편 이 말은 《예기》〈표기表記〉 편에도 비슷하게 나와 있다. "君子之接如水, 小人之接如醴. 君子淡以成, 小人甘以壞."

9) 이 구절은 공자의 저 유명한 말 "한 해의 추위가 찾아온 다음에야 소나무와 잣나무가 늦게 시든다는 것을 안다(歲寒, 然後知松柏之後彫也)"(《논어》〈자한〉)라는 구절을 떠올리게 한다. "세한歲寒"은 24절기에서 맨 뒤에 오는 두 절기, 즉 '소한'과 '대한'이고, 1년 중에서 날씨가 가장 추운 시기인데 여기서는 "한 해의 추위가 찾아온"이라고 번역했다.

제20편

부행婦行

부녀자의 덕행

모범적인 어머니의 행실은 여러 사람에게 모범이 되고, 말은 도의에 어긋나지 않는다. 자손을 양육함에 있어서는 하나하나 가르치고 덕으로 이끌어 자손들이 큰 공업을 이루도록 한다. 현명한 여성은 염치와 바른 도리를 생활신조로 삼았고, 동작에 절도가 있고, 언어와 문장을 이루어 사리에 밝고 세상의 법도를 알았다. 자애롭고 지혜로운 여인은 미리 어려운 일과 쉬운 일을 알며 하늘의 도인 재앙과 복이 이르는 경우를 헤아렸다. 정순한 여인은 끝까지 개가하지 아니하고 정의에 힘썼으며 행실을 깨끗하게 하여 몸을 삼갔다. 의로운 여인은 절개와 의를 위해서는 죽음을 피하지 않고, 성실하고 믿음이 있으며 용감하여 사특한 행동은 결코 하지 않고 의로운 일이라면 의심하는 일이 없다. 이는 한나라 유향이 판단한 여자의 행실에 대한 요구이며 준칙이었다. 그러나 유향은 모든 여자가 이를 다 갖추어야 한다고는 보지 않고, 이중에 하나 혹은 두 가지만 할 수 있으면 칭찬 받을 만하다고 했다.

이른바 '삼종지도'는 부인의 덕목에 관한 유학자들의 가르침에 의해 시대를 초월하여 지속적으로 전승되었다. 이 윤리관에 의하면 한 여자가 결혼해서 처해 있는 상황이 여자의 처지를 결정짓게 된다. 이 편의 전반부에서는 어진 아내와 그렇지 못한 아내의 차이를 이야기하거나 여자의 행실을 다룬 내용이 많은데, 시대를 초월해서 오늘의 우리에게도 시사하는 바가 있다.

1. 여성의 덕목

《익지서》에서 이른다.

"여자는 네 가지 아름다운 덕이 있으니, 첫째는 부덕婦德[1](부녀로서 갖추어야 할 덕)이요, 둘째는 부용婦容(부녀로서 갖추어야 할 용모)이요, 셋째는 부언婦言(부녀로서 갖추어야 할 말씨)이요, 넷째는 부공婦工(부녀로서 갖추어야 할 솜씨)을 말한다."

益智書云: "女有四德之譽, 一曰: 婦德, 二曰: 婦容, 三曰: 婦言, 四曰: 婦工也."

2. 부덕, 부용, 부언, 부공

부덕이란 반드시 재주와 이름이 남달리 뛰어날 필요가 없는 것이고, 부용이란 반드시 얼굴이 아름답고 곱다는 것이 아니고, 부언이란 반드시 말솜씨가 뛰어남을 뜻하는 것이 아니요, 부공이란 반드시 손재주가 남보다 뛰어나다는 것은 아니다.

婦德者, 不必才名絶異, 婦容者, 不必顔色美麗, 婦言者, 不必辯口利詞, 婦工者, 不必技巧過人也.

1) 부덕은 유가의 가족 윤리에 바탕을 둔 판단에서 나왔다. 이 윤리는 부모나 부계 가족에 대한 통상적인 의무나 범위 안에 자리매김되었다. 경우에 따라서는 단호한 판단과 실행력으로 자녀를 교육시킨 맹자의 어머니 같은 여인도 있었다.

3. 빠뜨려서는 안 될 네 가지 덕목

부덕이란 맑고 절개가 곧으며, 염치 있고 절도가 있어 분수를 지키고 마음을 바르게 가다듬으며, 행동거지에는 부끄러움이 있고, 움직임에는 법도가 있는 것이니 이것이 부덕이 되는 것이다.

부용이란 먼지와 때를 깨끗이 씻어 옷차림을 정결히 하며, 목욕을 때에 맞추어 하며 제 몸에 더러움이 없게 하는 것이니 이것이 부용이 되는 것이다.

부언이란 말을 가려서 하되, 예의에 어긋나는 말은 하지 않고 꼭 해야 할 때 말하여 다른 사람이 그 말을 싫어하지 않는 것이니 이것이 부언이 되는 것이다.

부공이란 오로지 길쌈을 부지런히 하고 술을 빚는 것만을 좋아하지 않고 좋은 맛을 갖추어서 손님을 접대하는 것이니 이것이 부공이 되는 것이다.

이 네 가지 덕은 부녀자가 빠뜨려서는 안 되는 것으로서 그것을 행하는 것은 매우 쉽고 그렇게 힘쓰는 것이 올바르니, 이에 따라 하는 것이 바로 부녀의 예절이다.

其婦德者, 淸貞廉節, 守分整齋, 行止有恥, 動靜有法, 此爲婦德也, 婦容者, 洗浣塵垢, 衣服鮮潔, 沐浴及時, 一身無穢, 此爲婦容也, 婦言者, 擇師而說, 不談非禮, 時然後言, 人不厭其言, 此爲婦言也, 婦工者, 專勤紡績, 勿好暈酒, 供具甘旨, 以奉賓客, 此爲婦工也. 此四德者, 是婦人之所不可缺者, 爲之甚易, 務之在正, 依此而行, 是爲婦節.

4. 가는 말씨

태공이 말했다.

"부인의 예절은 말소리가 반드시 가늘어야 한다."

太公曰: "婦人之禮, 語必細."

5. 어진 아내와 아첨하는 아내

어진 아내는 남편을 귀하게 만들고, 아첨하는 아내는 남편을 천하게 만든다.

賢婦令夫貴, 佞婦令夫賤.

6. 어진 아내

집에 어진 아내가 있으면 남편이 뜻밖의 재앙을 만나지 않는다.

家有賢妻, 夫不遭橫禍.

7. 아내의 두 역할

어진 아내는 육친(부모형제처자父母兄弟妻子)**을 화목하게 하고, 간특한 아내는 육친의 화목을 깨뜨린다.**

賢婦和六親, 佞婦破六親.

제21편

증보 增補

덧붙임

이 편은 앞에서 다루지 않은 내용을 보충하고 있다.《주역》의 문장을 인용해 '선'의 중요성을 말하면서 늘 보이지 않는 것을 경계해야 한다고 가르친다. 편폭이 매우 짧기는 하나, 읽어보면 새겨볼 만한 내용들로서 모두 유가적 가치관이 두드러진다.

1. 선은 이름을 빛내고, 악은 몸을 망친다

《주역》[1]에서 말했다.

"착한 일이 쌓이지 않으면 명성을 이룰 수 없을 것이요, 악한 일이 쌓이지 않으면 몸을 망치기에는 부족하다.

소인은 사소한 선행조차 이로움이 없다고 하면서 하지 않는다. 그리고 자질구레한 악행은 해로움이 없다고 하면서 버리지 않는다. 따라서 악은 쌓이면 가릴 수 없게 되고 죄가 커지면 풀어놓을 수가 없다."

周易曰: "善不積, 不足以成名, 惡不積, 不足以滅身, 小人, 以小善, 爲無益而弗爲也, 以小惡, 爲無傷而弗去也. 故惡積而不可掩, 罪大而不可解." [2]

2. 조짐이 있다

서리를 밟게 되면 단단한 얼음이 언다. 신하가 그의 임금을 시해하고, 아들이 그의 아버지를 죽이는 일[3]이란 하루아침이나 하룻저녁에 이루어지는 일이 아니라 그것이 일어나게 되는 원인은 점점 쌓

1) 《주역》은 공자도 책을 묶은 가죽끈이 세 번이나 끊어질 정도로 읽은 책이었다. 사마천은 "공자는 늘그막에 《역易》을 좋아하여 〈단彖〉, 〈계繫〉, 〈상象〉, 〈설괘說卦〉, 〈문언文言〉 편에 서문을 썼다. 그리고 《역》을 얼마나 많이 읽었는지 책을 묶은 가죽끈이 세 번이나 끊어졌다(孔子晩而喜易, 序彖系象說卦文言. 讀易, 韋編三絶)"(《사기》〈공자세가〉)라고 기록했다.

2) 이 문장은 《주역》〈계사전 하〉에 보인다.

3) 후한의 경학가 포함包咸은, "신하가 임금을 시해하고 아들이 아버지를 시해하는 것이 난이고, '위'란 장차 난이 일어날 조짐이다(臣弑君, 子弑父, 亂也: 危者, 將亂之兆也)"라고 해석했다.

여온 것이다.

履霜堅氷至.[4] 臣弑其君, 子弑其父, 非一朝一夕之事, 其由來者漸矣.

4) 《주역》〈곤괘坤卦〉 초육初六의 효사爻辭다.

제22편

팔반가八反歌 팔수八首

반성을 위한 노래 여덟 곡

제목처럼 이 여덟 편의 노래들은 부모님에 대한 효도가 얼마나 소중한지 일깨워준다. 공자의 제자 유자有子도 효도와 우애 두 가지를 인을 행하는 근본으로 볼 정도였는데, 늘 효도의 문제를 인륜의 으뜸으로 평가하여 이렇게 말했다.

"그 사람됨이 효성스럽고 우애가 있으면서 윗사람을 범하는 자는 드물다. 윗사람을 범하기를 좋아하지 않으면서 난을 일으키는 자는 드물다. 군자는 근본에 힘쓰며 근본이 서면 도가 생겨난다. 효도와 우애란 아마도 인仁을 행하는 근본일 것이로다(其爲人也孝弟, 而好犯上者, 鮮矣. 不好犯上, 而好作亂者, 未之有也. 君子務本, 本立而道生. 孝弟也者, 其爲仁之本與)!"(《논어》〈학이〉)

효도가 제일이라면서도 사람들은 늘 그것을 뒷전으로 미루어둘 뿐이다. 네 글자를 한 구句로 하여 엮은 아동용 교과서 《몽구蒙求》〈고사전高士傳〉에 따르면, 춘추시대 노나라에 노래자老萊子라는 사람이 살았는데 효심이 지극하여 부모님을 정성껏 봉양했다. 그는 나이 70세로 백발 노인이 되었지만, 노래자의 부모는 정성껏 보살피는 아들의 효성 때문인지 그때까지 정정하게 살아 있었다. 노래자는 늘 어린아이처럼 알록달록한 무늬가 있는 옷을 입고 천진난만한 표정으로 부모님 앞에서 재롱을 떨었다. 그 재롱에 부모님도 자신들의 나이가 얼마나 되는지 헤아리려 하지 않았고, 노래자도 나이 많은 부모님 앞에서는 자기 나이를 밝히지 않았다. 그리고 부모님 식사는 손수 갖다 드렸으며, 식사를 마칠 때까지 마루에서 엎드려 있었다. 갓난아이가 울고 있는 모습을 흉내 낸 것이다. 초나라 왕실이 혼란해졌을 때 노래자는 몽산蒙山 남쪽에 숨어 밭을 갈아 생활하며 책을 썼다. 이때부터 '노래자'라고 부르게 되었다.

1. 입장 바꾸기

어린아이가 간혹 나에게 대들더라도 내 마음엔 화사한 마음이 느껴지지만, 부모님이 나를 꾸짖고 노여워하시면 내 마음은 도리어 달갑지 않다.

한쪽은 화사하고 한쪽은 달갑지 않으니 아이를 대하는 것과 부모님을 대하는 마음[의 차이가] 어찌 그다지도 현격한가.

그대에게 권하노니, 오늘 어버이께서 화를 내시는 것을 대하면 꼭 부모님을 아이로 바꾸어서 보라.

幼兒或詈我, 我心覺懽喜, 父母嗔怒我, 我心反不甘. 一懽喜一不甘, 待兒待父心何懸. 勸君今日逢親怒, 也應將親作兒看.

2. 자식과 부모를 바꿔 생각하라

아이들이 천 마디 말을 해도 그대는 들으면서 늘 싫어하지 않고, 부모님이 한 번 말을 꺼내시면 쓸데없이 참견한다고 하네.

쓸데없이 참견하는 것이 아니라 친한 마음에 이끌려서 그러신 것이니, 흰머리가 되도록 사셨기에 많은 것을 알고 계신다네.

그대에게 권하노니 노인 말씀 공경하여 받들고 젖내 나는 입으로 길고 짧음을 다투지 말라.

兒曹出千言, 君聽常不厭, 父母一開口, 便道多閑管. 非閑管親掛牽. 皓首白頭, 多諳諫. 勸君敬奉老人言, 莫教乳口爭長短.

3. 부모님을 공경하라

어린아이의 오줌과 똥은 더러워도 그대 마음에는 싫어하거나 거리낌이 없는데,

늙은 어버이의 눈물과 침이 떨어지면 도리어 미워하고 싫어하는 마음이 있네.

여섯 자나 되는 [그대의] 몸뚱이 어디로부터 왔는가.

아버지의 정기와 어머니의 피로 그대의 몸을 만드셨도다.

그대에게 권하노니, 늙어가는 부모님을 공경하여 대접하라.[1)]

젊으셨을 때 그대를 위하여 살펴 뼈가 닳으셨도다.

幼兒尿糞穢, 君心無厭忌, 老親涕唾零, 反有憎嫌意. 六尺軀來何處, 父精母血成汝體. 勸君敬待老來人. 壯時爲爾筋骨敝.

4. 부모님이 먼저이거늘

그대가 새벽에 시장에 들어가 밀가루떡과 쌀떡을 사는 것을 보았

---

1) 그래서 공자가 제자 자하와 나눈 대화가 있다. 자하가 효에 대하여 물었다. 공자께서 말씀하셨다. "안색[을 밝게 하는 것]이 어렵다. 일이 있을 때 자식이 그 수고로움을 다한다고 하여, [또] 술과 음식이 있어 윗사람이 드시게 한다고 하여, 이런 일만으로 효라고 할 수 있겠느냐(子夏問孝. 子曰: 色難. 有事, 弟子服其勞. 有酒食, 先生饌, 曾是以爲孝乎)?"(《논어》〈위정〉)

는데, 부모님께 드린다는 말은 거의 들리지 않고 아이들에게 준다는 말만 있네.

부모님은 맛도 보지 않으셨는데 아이들이 먼저 배부르니, 자식의 마음은 부모가 마음으로 좋아하는 것에 비하지 못하리라.

그대에게 권하노니, 떡을 살 돈을 내어 흰머리에 [사실] 세월이 얼마 남지 않은 부모님을 봉양하라.[2)]

看君晨入市, 買餅又買餻, 少聞供父母, 多說供兒曹. 親未啖兒先飽, 子心, 不比親心好. 勸君多出買餅錢, 供養白頭光陰少.

5. 자식보다 부모님을 챙겨라

저잣거리 사이로 있는 약 파는 가게에는 오직 아이 살찌울 환약만 있고,

부모님 튼튼하게 할 약은 없으니 무슨 이유로 다른 것으로 보는가.

---

2) '백리부미百里負米'란 말이 있다. 백 리나 멀리 떨어진 곳으로 쌀을 짊어지고 나른다는 말로 지극한 효성을 일컫는다. 공자가 제후나 제자들과 나눈 이야기를 기록해놓은《공자가어》〈치사致思〉 편에 이런 내용이 있다. 공자의 제자 자로子路는 효성이 지극하기로 이름이 나 있었다. 하루는 자로가 공자에게 이렇게 말했다. "무거운 물건을 지고 먼 곳으로 갈 때에는 땅이 좋은지 나쁜지를 가리지 않고 쉬게 되고, 집이 가난하여 부모님을 모실 때에는 봉록이 많은지 적은지를 가리지 않고 관리가 됩니다. 예전에 제가 두 부모님을 섬길 때는 늘 명아주 잎과 콩잎 같은 거친 음식으로 대접하며, 직접 쌀을 백 리 밖에서 져 왔습니다. 부모님이 돌아가시고 나서 남쪽 초나라에서 관리가 되었을 때는 수레가 백 대나 되고 창고에 쌓아놓은 쌀이 만 종鍾(한 종은 여섯 섬 두 말)이나 되며, 깔개를 포개놓고 앉아 솥을 늘어놓고 먹었는데, 명아주 잎과 콩잎을 먹고 직접 쌀을 지고 가기를 원했지만 할 수 없었습니다. 말린 물고기를 묶어놓은 것이 어찌 썩지 않겠습니까? 부모님 두 분의 수명은 흰 망아지가 달려 지나가는 것을 문틈으로 보는 것처럼 순간일 뿐입니다." 공자가 감탄하며 말했다. "자로가 부모님을 섬기는 것은 살아 계실 때는 힘을 다하고, 죽은 뒤에는 그리움을 다하는구나."

아이도 병들고 어버이도 병들면 아이를 치료하는 것이 어버이의 병을 치료하는 것에 비하리오.

[그대] 허벅지 살을 베더라도 여전히 어버이의 살이니 그대에게 권하노니,

빨리 어버이의 목숨을 보전하시오.

市間賣藥肆, 惟有肥兒丸, 未有壯親者, 何故兩般看. 兒亦病親亦病, 醫兒不比醫親症. 割股, 還是親的肉, 勸君亟保雙親命.

6. 어버이 봉양을 아이 기르듯

잘살고 귀하면 어버이를 모시기는 쉽지만 어버이는 늘 편안한 마음이 아니라네.

가난하고 천하면 아이를 기르기 어려우나, 아이는 배고프고 추운 것을 겪지 않는다.

한 갈래 마음에 두 갈래 길이 있으니 아이를 위하는 것은 끝까지 부모를 위하는 것에 미치지 못한다.

그대에게 권하노니 어버이 봉양하길 아이를 기르듯 하고 모든 일을 집안이 부유하지 않다고 미루지 말라.

富貴養親易, 親常有未安, 貧賤養兒難, 兒不受饑寒, 一條心兩條路, 爲兒終不如爲父. 勸君養親如養兒, 凡事莫推家不富.

7. 어버이 봉양에 온힘 다하라

어버이를 봉양하는 일에는 단지 두 분뿐인데 늘 형제들과 다투고, 아이를 기를 때는 열 명이 있더라도 그대는 혼자 스스로 떠맡네.

아이가 배부른지 따뜻한지 부모님은 늘 물어보지만, 부모님께서 주리신지 추우신지 마음에 두지 않네.

그대에게 권하노니, 어버이를 봉양함에 모름지기 힘을 다하라. 처음부터 입는 것과 먹는 것을 그대에게 빼앗겼기에.

養親只二人, 常與兄弟爭, 養兒雖十人, 君皆獨自任. 兒飽煖親常問, 父母饑寒不在心. 勸君養親須竭力, 當初衣食被君侵.

8. 자식의 효도를 믿지 말라

어버이는 지극히 자애로우나 그대는 그 은혜를 생각하지 않고, 자식이 조금이라도 효도를 하면 그대는 곧 그 이름을 빛내려 한다.

어버이 대하는 것은 어둡고, 아이를 대하는 것은 밝으니 누가 어버이께서 자식을 기르는 마음을 알리요.

그대에게 권하노니, 부질없이 자식들의 효도를 믿지 말라. 그대가 바로 아이들의 어버이이자 어버이의 자식인 것을.

親有十分慈, 君不念其恩, 兒有一分孝, 君就揚其名. 待親暗待兒明, 誰識高堂養子心. 勸君漫信兒曹孝, 兒曹親子在君身.

제23편

효행孝行 속續

효도와 행실 속편

어머니를 위해 자기 아이를 묻으려 한 손순, 자신의 살을 베어 부모를 공양한 상덕, 겨울에 홍시를 구하기 위해 호랑이 등에 탄 도씨都氏의 이야기를 통해 우리는 평범한 사람들의 진실한 마음을 엿볼 수 있다. 이런 이야기를 통해 우리의 삶을 지탱하고 있는 중요한 축이 바로 효라는 것을 알 수 있다. 물론 손순처럼 부모를 위해 자식을 희생한다는 사고방식은 오늘날 받아들이기 어렵고 과거를 위해 미래를 희생한다는 비판을 받을 수도 있다. 하지만 열 달을 고생해 자식을 낳으시고 온갖 고초를 감내하며 키워주신 부모님의 은혜를 결코 잊지 않는 자식의 이야기는 늘 가슴을 뭉클하게 하는 힘이 있다.

1. 부모를 위해 자식을 묻으려 하다

손순은 집이 가난하여 그의 아내와 더불어 다른 사람의 집에서 품을 팔아 어머니를 봉양했다. [손순에게는] 아이가 있었는데 매번 어머니의 밥을 빼앗아 먹자 손순은 아내에게 말했다.

"아이가 어머니의 밥을 빼앗아 먹으니 아이는 [또] 얻을 수 있지만 어머니는 다시 얻기 어렵소." 그러고는, 아이를 업고 취산의 북쪽 들로 가서 묻으려고 땅을 팠더니 갑자기 매우 이상한 돌종이 나왔다. 놀라고 괴이하게 여겨 그것을 쳐보니 은은하여 듣기에 좋았다.

아내가 말했다.

"이 기이한 물건을 얻은 것은 아마도 아이의 복인 것 같으니 그를 땅에 묻어서는 안 되겠어요."

손순도 그렇게 여겨 아이를 종과 함께 업고는 집으로 돌아와 종을 대들보에 매달고 쳤다. [그러자] 임금이 그 종소리가 맑고도 멀리까지 들리는 것을 이상하게 여겨 그 사실을 자세히 들었다.

"옛날 곽거郭巨가 아들을 묻으려 하자 하늘이 금솥을 내려주었는데 지금 손순이 아이를 묻으려 하자 땅에서 돌종이 솟았으니 앞과 뒤가 꼭 맞는다."

집 한 채를 내려주시고 해마다 쌀 50섬을 주었다.[1)]

孫順, 家貧與其妻, 傭作人家以養母, 有兒每奪母食. 順謂妻曰: "兒奪母食, 兒可得, 母難再求." 乃負兒往歸醉山北郊, 欲埋堀地, 忽有甚奇石種, 驚怪試撞之, 舂容可愛. 妻曰: "得

---

1) 《삼국유사》에 의해 보충하면 이렇다. 손순은 살던 집을 내놓아 절로 삼고 홍효사弘孝寺라 하였다. 그리고 들에서 얻은 돌종을 모셨는데, 진성왕眞聖王 때 후백제의 도적들이 이 마을에 들어와 약탈하는 바람에 종은 없어지고 절만 남았다. 그 종을 얻은 자리를 완호평完乎坪이라 했는데, 지금은 잘못 전하여 지량평枝良坪이라 한다.

此奇物, 殆兒之福, 埋之不可." 順以爲然, 將兒與鍾還家, 縣於梁撞之, 王聞鍾聲淸遠異常而覈聞其實. 曰: "昔郭巨埋子, 天賜金釜, 今孫順埋兒, 地出石鍾, 前後符同." 賜家一區, 歲給米五十石.

2. 허벅지 살을 베어 부모를 봉양하다

상덕은 흉년과 전염병이 나도는 해를 만나 부모님이 굶주려 병들어 죽게 될 지경에 이르렀다. 상덕은 밤낮으로 옷을 벗지도 못하고 온 정성을 다해 안심하도록 위로했다. 봉양할 것이 없으면 허벅지 살을 베어 고기로 드시게 했고 어머니에게 종기가 나자 그것을 입으로 빨아 즉시 낫게 했다. 임금이 그를 기려 큰 상을 내리고는 그의 집 정문에 깃발을 세우고 비석을 세워 그 일을 기록하게 했다.[2)]

尙德, 値年荒癘疫, 父母飢病濱死, 尙德, 日夜不解衣, 盡誠安慰, 無以爲養, 則刲髀肉食之, 母發癰, 吮之卽癒. 王嘉之, 賜賚甚厚, 命旌其門, 立石紀事.

2) 소개하면 이렇다. "웅천주熊川州에 이름은 상득尙得이고 사지舍知라는 벼슬을 하는 사람이 있었다. 그런데 그의 집은 너무나 가난하여 해마다 겨우 생계를 꾸려갈 정도였다. 흉년이 심하게 든 어느 해였다. 그의 아버지가 거의 굶어 죽게 되자 상득이 허벅지 살을 베어 먹여 아버지를 살렸다. 주위 사람들이 그의 효심을 입에 침이 마르도록 칭찬하여 어느덧 왕에게도 알려졌다. 경덕왕이 이런 이야기를 듣고는 벼 5백 섬을 상으로 내려 그 아름다운 효행을 널리 기렸다."

3. 홍시를 구하러 호랑이 등에 타다

도씨는 집이 가난하나 지극히 효성스러웠다. 숯을 팔아 고기를 사서 어머니의 반찬을 빠뜨리는 적이 없었다. 하루는 시장에서 늦어서 바삐 돌아오는데 솔개가 갑자기 고기를 채 가버리자 도씨가 슬피 울면서 집에 와보니 솔개가 벌써 고기를 마당에 던져놓았다.

하루는 어머니가 병이 나서 때 아닌 홍시를 찾기에 도씨는 감나무 숲속을 방황하면서 날이 저문 것도 깨닫지 못하고 있었는데 호랑이가 문득 앞길을 가로막으며 [자기 등에] 타라고 하는 뜻을 나타냈다. 도씨가 타고 백여 리나 되는 산골에 이르렀다. [밤이 되어] 다른 사람의 집을 찾아가 묵게 되었는데 얼마 뒤에 주인이 제삿밥을 내오는데 홍시가 있었다. 도씨는 기뻐서 홍시가 어디서 온 것인지 물어보며 자신의 이야기를 풀어내었다. [집주인이] 대답하였다.

"돌아가신 아버지가 감을 즐기기에 해마다 가을에 감 2백 개를 골라서 굴속에 저장해두었답니다. 5월에 이르면 완전한 것이 7, 8개에 지나지 않는데 이번에는 쉰 개나 완전한 것을 얻었습니다. 그래서 마음속으로 이 점을 이상하게 생각했는데 이는 하늘이 그대의 효성에 감동했기 때문이었군요."

그러고는 스무 개를 주었다. 도씨가 고마워하며 문밖으로 나오는데 호랑이가 아직도 누운 채로 그를 기다리고 있었다. [호랑이를] 타고 집에 오니 새벽닭이 울었다. 뒷날 어머니께서 천명을 다하고 돌아가시니 도씨는 피눈물을 흘렸다.

都氏家貧至孝. 賣炭買肉, 無闕母饌, 一日, 於市, 晩而忙歸, 鳶忽攫肉, 都悲號至家, 鳶既投肉於庭. 一日, 母病索非時之紅柹, 都彷徨柹林, 不覺日昏, 有虎屢遮前路, 以示乘意. 都乘至百餘里山村, 訪人家投宿, 俄而主人, 饋祭飯而有紅柹. 都喜, 問柹之來歷, 且述己意.

答曰: "亡父嗜柹, 故每秋, 擇柹二百個, 藏諸窟中, 而至此五月, 則完者不過七八, 今得五十個完者, 故心異之, 是天感君孝." 遺以二十顆, 都謝出門外, 虎尙俟伏, 乘至家, 曉鷄喔喔. 後母以天命終, 都有血淚.

제24편

염의廉義

청렴하고 올바르게

제아무리 힘겨운 처지에 놓여 있다고 해도 청렴한 마음으로 의롭게 살아가는 사람들에게 경외심을 느끼는 것은 당연하다. 솜장수 인관이란 사람과 솜을 산 서조가 보여주는 꾸밈없고 소탈한 삶이라든지 도둑이 오히려 가난한 선비를 위해 금전 일곱 냥을 솥단지에 놓고 갔다가 실랑이를 벌이는 일화, 그리고 잘 알려진 바보 온달 이야기 등을 통해 옛사람들이 비록 힘든 삶에서도 얼마나 깨끗하고 청렴하게 살아갔는지 알 수 있다. 모든 것이 돈으로 가치가 매겨지는 오늘날 이런 이야기는 불가사의하게 느껴지기도 한다.

1. 서로 양보한 두 사람

인관이 시장에서 솜을 파는데 서조라는 사람이 곡식으로 그것을 사서 돌아갔다. [돌아가는 길에] 솔개가 있어 그 솜을 채서 인관의 집에 떨어뜨렸다. 인관이 [솜을] 서조에게 돌려보내며 말했다.

"솔개가 그대의 솜을 내 집에 떨어뜨렸으므로 그대에게 돌려보냅니다."

서조가 말했다.

"솔개가 솜을 채서 그대에게 준 것은 하늘의 뜻이니, 내가 어찌 받겠습니까?"

인관이 말했다.

"그렇다면 [솜 값으로] 그대의 곡식을 돌려보내겠습니다."

서조가 말했다.

"내가 그대에게 주고 나서 시장이 두 번이나 섰으니 곡식은 이미 당신 것이 된 것입니다."

두 사람이 서로 양보하다가 둘 다 시장에 버렸다. 시장을 다스리는 관리가 임금에게 아뢰자, [임금께서] 둘 모두에게 벼슬을 내렸다.

印觀, 賣綿於市, 有暑調者以穀買之而還, 有鳶, 攫其綿, 墮印觀家. 印觀歸于署調曰: "鳶墮汝綿於吾家, 故還汝." 署調曰: "鳶攫綿與汝, 天也. 吾何受爲" 印觀曰: "然則還汝穀." 署調曰: "吾與汝者市二日, 穀已屬汝矣." 二人相讓, 幷棄於市. 掌市官, 以聞王並賜爵.

2. 도둑이 두고 간 솥 안의 돈꾸러미

홍공 기섭은 젊은 시절 그지없이 가난했다. 하루는 아침에 어린 계집종이 뛰어오면서 돈 일곱 냥을 바치며 말했다.

"이것이 솥 안에 있었습니다. [이 돈이면] 쌀은 몇 섬이나 살 수 있고, 땔나무는 몇 바리나 살 수 있습니다. 하늘이 내려주신 것입니다."

공이 놀라서 말했다.

"이것은 어찌된 돈인가?"

그러고는 "돈 잃은 사람은 와서 찾아가시오"라는 글을 써서 그것을 대문 위에 붙이고는 기다렸다. 얼마 뒤에 유劉씨 성을 가진 사람이 찾아와 글의 뜻을 물었다. 공은 자세히 그 내용을 말해주었다.

유씨가 말했다.

"이치상 다른 사람이 솥 안에 돈을 잃어버릴 수는 없습니다. 과연 하늘이 내려주신 것이니 어찌하여 그것을 갖지 않으십니까?"

공이 말했다.

"나의 물건이 아닌데 어찌하겠습니까?"

유씨가 꿇어 엎드리며 말했다.

"소인이 어젯밤에 솥을 훔치러 왔다가 도리어 [공의] 집안 형편이 너무 쓸쓸한 것을 불쌍히 여겨 그것을 놓아두었습니다. 지금 공의 청렴하심에 감동하여 저의 양심이 스스로 일어나 맹세컨대 두 번 다시 도둑질을 하지 않겠습니다. 원컨대 늘 곁에서 모시고 싶으니 걱정 마시고 그것을 받아주십시오."

공이 즉시 돈을 돌려주며 말했다.

"그대가 착한 사람이 된 것은 좋지만 돈은 받을 수 없다."

[그러고는] 끝까지 받지 않았다. 나중에 공은 판서가 되었고 그의 아들 재룡在龍은 헌종의 장인이 되었으며, 유씨도 신임을 얻어 몸이 편안하고 집안이 크게 번창했다.

洪公耆燮, 少貧甚無聊, 一日朝, 婢兒踊躍獻七兩錢曰: "此在鼎中. 米可數石, 柴可數馱. 天賜." 公驚曰: "是何金" 卽書失金人推去等字, 付之門楣而待. 俄而姓劉者來問書意, 公悉言之, 劉曰: "理無失金於人之鼎內, 果天賜也, 盍取之," 公曰: "非吾物, 何." 劉俯伏曰: "小的, 昨夜, 爲窃鼎來, 還憐家勢蕭條而施之, 今感公之廉价, 良心自發, 誓不更盜, 願欲常侍, 勿慮取之," 公卽還金曰: "汝之爲良則善矣, 金不可取." 終不受, 後, 公爲判書, 其子在龍, 爲憲宗國舅, 劉亦見信, 身家大昌.

3. 바보 온달

고구려 평원왕(일명 평강왕)의 딸이 어렸을 때 울기를 잘하였다. 임금이 놀려 말했다.

"너를 장차 어리석은 온달에게 시집보내야겠다."[1)]

---

1) 이 구절이 정사인《삼국사기》〈열전〉에는 이렇게 기록돼 있다. "평강왕의 어린 딸이 울기를 잘하여 왕이 놀려 말했다. '네가 늘 울어서 내 귀를 시끄럽게 하니, 자라면 반드시 사대부의 아내가 못 될 테니, 바보 온달에게나 시집을 갈 것이다〔平岡王少女兒好啼 王戲曰:'汝常啼常我耳 長必不得爲士大夫妻 當歸之愚溫達'〕." 물론 이 이야기의 구조는《삼국사기》와 거의 같다. 세부 묘사에서 좀 차이가 있을 뿐이다.

[딸이] 자라 상부 고씨에게 시집을 보내려고 하니 딸은 '임금으로서 식언할 수는 없습니다'라고 하고는 굳이 사양하고 마침내 온달의 아내가 되었다. 온달은 집이 가난하여 밥을 빌러 다니면서 어머니를 봉양하니, 그때 사람들은 눈으로 어리석은 온달이라는 뜻을 내비쳤다. 하루는 온달이 산속으로부터 느티나무 껍질을 등에 지고 왔다. 공주가 찾아와 보고 말했다.

"내가 곧 당신의 짝입니다."

그러고는 머리 장식품을 팔아 밭과 집과 살림살이를 사서 꽤 부유하게 되었다. 말을 많이 길러 온달에게 주니 마침내 이름을 드높이고 영예로워졌다.[2)]

高句麗平原王之女. 幼時好啼, 王戲曰: "以汝, 將歸于愚溫達." 及長, 欲下嫁于上部高氏, 女以王不可食言. 固辭, 終爲溫達之妻. 蓋溫達, 家貧, 行乞養母, 時人, 目爲愚溫達也. 一日, 溫達, 自山中, 負楡皮而來. 王女訪見曰: "吾乃子之匹也," 乃賣首飾, 而買田宅器物頗富, 多養馬以資溫達, 終爲顯榮.

2) 평강공주와 바보 온달의 혼사는 우리 인간의 속됨을 풍자한 명문이다. 사실과 허구가 뒤섞여 있는 이 이야기는《삼국사기》〈열전〉에도 나온다.

제25편

권학勸學

배움을 권하는 글

제목처럼 학문을 권장하는 문장들로 이루어진 이 편은 우리가 지금 허투루 보내고 있는 이 순간이 얼마나 소중한지를 일깨우며 부지런히 학문에 힘쓰라고 권면한다. 주희의 문장을 비롯하여 역대의 유명한 글이나 시구에서 따온 것들이다. "오늘 배우지 않고서 내일이 있다고 말하지 말라…… 세월은 나를 위해 더디 가지 않는다. 아! 늙었구나. 이는 누구의 허물인가?"라는 주자의 한마디가 가슴을 치게 만든다.

1. 미루지 말라

주자가 말했다.

"오늘 배우지 않고서 내일이 있다고 말하지 말라.
올해 배우지 않고서 내년이 있다고 말하지 말라.
해와 달은 지나가고 세월은 나를 위해 더디 가지 않는다.
아! 늙었구나. 이는 누구의 허물인가?"[1)]

朱子曰: "勿謂今日不學而有來日, 勿謂今年不學而有來年, 日月逝矣, 歲不我延. 嗚呼老矣. 是誰之愆."

2. 세월과 학문 사이

소년은 늙기 쉽고, 학문은 이루기 어려우니 짧은 시간도 가벼이 여기지 말라.[2)]

연못가의 봄 풀, 채 꿈도 깨지 못했는데 섬돌 앞 오동나무 잎이 이미 가을 소리를 낸다네.

---

1) 모든 일이 그렇다. 미루지 말라는 말이다. 세월은 사람을 기다리지 않는 법 아닌가. 《순자》 역시 〈권학勸學〉을 책의 첫머리에 두고 이렇게 말했다. "배움이란 그만둘 수 없는 것이다. 청색은 그것을 쪽빛에서 취하였지만 쪽빛보다 푸르고, 얼음은 물이 그렇게 된 것이지만 물보다 차다(學不可以已. 靑取之於藍, 而靑於藍, 氷水爲之,而寒於水)." 본래 '남藍'이란 검은빛이 도는 청색 염료로, 이것을 찧어 물독에 넣고 저으면 거품이 생기는데 이것을 남수藍水라고 한다. 여기에 실이나 헝겊을 담그면 선명한 초록빛으로 물이 든다. 여기서 순자가 강조하는 바는 학문에 뜻을 둔 사람은 늘 노력해야 하며 중도에 그만두어서는 안 된다는 것이다.

2) 북송의 소동파도 〈춘소春宵〉라는 시에서 '봄밤의 일각은 천금에 해당된다(春宵一刻値千金)'라고 하면서 시간의 귀중함을 강조하지 않았던가.

少年易老學難成, 一寸光陰不可輕. 未覺池塘春草夢, 階前梧葉已秋聲.

3. 학문에 힘쓰라

도연명이 시에서 이른다.

"젊음은 거듭 오지 않고

하루에 새벽이 두 번 오기 어렵다.

젊었을 때 마땅히 학문에 힘쓰라.

세월은 사람을 기다리지 않는다."[3)]

陶淵明詩云: "盛年不重來, 一日難再晨, 及時當勉勵, 歲月不待人."

4. 사소한 것을 과소평가하지 말라

순자가 말했다.

"반걸음을 쌓지 않으면 천 리에 이르지 못할 것이고, 작은 흐름을 쌓지 않으면 강과 바다를 이룰 수 없다."[4)]

荀子曰: "不積跬步, 無以至千里, 不積小流, 無以成江河."

---

3) 도연명은 젊은 시절 잠시 벼슬을 하다가 그만두고 전원에 은둔하면서 삶의 여유를 즐긴 사람이다. 그가 벼슬한 시기를 새장 속에 갇힌 새로 비유했는데 이는 흘러가는 시간의 여유를 즐기지 못했던 자신에 대한 한탄이었다.

4) 이 문장은《순자》〈권학〉 편에 나온다. 바로 이 구절과 관련된 이사의 말도 한번 새겨볼 만하다. '태산불양토양 하해불택세류泰山不讓土壤 河海不擇細流(태산은 흙을 사양하지 않고 큰 강과 바다는 물줄기를 가리지 않는다)'《사기》〈이사열전〉 이 말은 인재개방론의 시각을 보여주는데, 또 한편 태산은 한줌 한줌의 흙이 모여 이루어졌고, 큰 강과 바다 역시 작은 물줄기가 모여서 이루어졌다는 중의적 의미를 함께 담고 있다. 남상濫觴이란 말이 있다. 공자가 제자 자로에게 한 충고의 말인데, 모든 것은 사소한 데서 결정된다는 뜻이다. 사소한 것을 무시하는 사람 치고 크게 되는 이가 없다. 큰 문제와 작은 문제는 결국 본질적인 차이가 없다고 보아야 하지 않을까? 이와 관련된 이야기를 보자.《순자》〈자도子道〉 편 후반부에는 공자의 가르침을 모아두었는데, 거기에 공자의 제자 자로 이야기가 나온다. 자로는 공자보다 9세 아래인데 성질이 급하고 공자를 우습게 볼 정도로 오만방자했다. 그러나 한편으로는 공자에게 칭찬을 들을 때도 적지 않았다. 공자는 늘 자로의 만용을 경계하도록 했다. 공자는 평소 옷 따위에 신경을 쓰지 않는 자로의 검소함을 칭찬하여 이렇게 말한 적이 있다. "해진 솜옷을 입고서 여우나 담비 가죽 옷을 입은 [귀한] 사람과 나란히 서 있어도 부끄러워하지 않을 사람은 아마도 유(자로)일 것이다." 그런데 하루는 자로가 매우 화려한 옷을 입고 으스대며 공자 앞에 나타났다. 공자는 자로의 그러한 모습이 걱정스러워 꾸짖어 말했다. "옛날 양자강은 그 근원이 민산岷山(쓰촨성四川省과 칭하이성青海省의 경계에 있는 산)에서 비롯되었다. '그것이 처음 흘러나올 때는 그 근원이 술잔〔觴〕에 넘칠〔濫〕 정도밖에 안 되었다〔其源可以濫觴〕.' 그러나 하류에는 물이 얼마나 많으냐. 착한 일을 시작하여 계속하면 점점 커져서 훌륭한 인물이 되지만, 그렇지 않은 일을 시작하여 그 끝이 없으면 결국에는 걷잡을 수 없는 지경에 이른다." 자로는 느끼는 바가 있어 곧바로 수수한 옷으로 갈아입고 들어왔다.

참고문헌

범립본 저,《명심보감明心寶鑑》, 베이징, 화위출판사華語出版社, 2015

범립본 저,《명심보감明心寶鑑》, 베이징, 징화출판사京華出版社, 2014

범립본 저,《명심보감明心寶鑑》, 베이징, 둥방출판사東方出版社, 2017

범립본 저, 리차오취엔(李朝全) 역,《명심보감明心寶鑑》, 베이징, 화이출판사華藝出版社, 2017

범입(립)본 저, 임동석 역,《초간본 명심보감》, 서울, 건국대학교출판부, 2003

범입(립)본 저,《청주판 명심보감》(영인본), 서울, 아세아문화사, 1990

박재희 저,《마음공부 명심보감》, 서울, 열림원, 2017

이민수 역,《명심보감》, 서울, 을유문화사, 2003

성백효 지음,《명심보감》, 서울, 전통문화연구회, 2010

김성원 역저,《명심보감강의》, 서울, 명문당, 1985

임완혁, 〈동아시아 한자(漢字),한자교육(漢字教育)의 현황(現況)과 과제(課題); 조선(朝鮮朝)《명심보감(明心寶鑑)》의 수용양상(收容樣相)〉,《한자한문교육》 30권, 2013

範崇高, 〈《明心寶鑒》詞語解釋指瑕〉,《文學語言學研究》, 2008

李朝全, 〈《明心寶鑒》流行了600多年的修身書〉,《博藍群書》, 2014

文研, 〈陳慶浩《明心寶鑒》及其相關問題〉,《中國社會科學院院報》, 2008

問永甯, 〈《明心寶鑒》中的道家道教思想〉,《學術探討》, 2015

顏維琦, 〈有一本書叫《明心寶鑒》〉,《光明日報》, 2007

張西平,〈儒家思想早期在歐洲的傳播〉,《中國文化研究》, 2016

　　　,〈儒家著作早期西傳研究〉,《漢學視界》, 2015

성해준,〈《명심보감》의 수용의 연구〉,《퇴계학논총》16권, 2010

　　　,〈동아시아의《명심보감》연구 — 중국, 한국, 일본 사회에 미친 영향을 중심으로〉,《퇴계학과 유교문화》36권, 2005

　　　,〈《명심보감》서문의 불교사상 고찰〉,《한국교수불자연합학회지》18권 1호, 2012

　　　,〈《명심보감》의 스페인어판 번역연구 — 선교사들과의 관계를 중심으로〉,《퇴계학과 유교문화》31권, 2002

김유리,〈《명심보감》의 교육적 가치〉,《대동문화연구》84권, 2013

박경연,〈조선시대 초학교재로서의《명심보감》성격연구〉,《교육사학연구》9권, 1999

양보쥔楊伯峻 저,《논어역주論語譯注》, 베이징, 중화서국, 1980

율곡 이이 저, 김원중 역,《격몽요결》, 서울, 민음사, 2016

김원중 편저,《고사성어 역사문화사전》, 서울, 글항아리, 2013

김원중 역,《논어》, 서울, 휴머니스트, 2019

　　　,《사기열전》, 서울, 민음사, 2011

　　　,《사기본기》, 서울, 민음사, 2011

　　　,《한비자》, 서울, 휴머니스트, 2016

찾아보기

ㅈ

ㅎ

지은이 **범립본**范立本

원말명초의 문신으로 자세한 생애는 알려져 있지 않다. 1393년《명심보감》을 저술했고 그 외에 가정을 다스리는 내용을 담은《治家節要》등의 책을 남겼다.

옮긴이 **김원중**金元中

성균관대학교 중문과에서 문학박사 학위를 받았다. 대만 중앙연구원과 중국 문철연구소 방문학자 및 대만사범대학교 국문연구소 방문교수, 중국 푸단대학교 중문과 방문학자, 건양대학교 중문과 교수, 대통령 직속 인문정신문화특별위원, 한국학진흥사업위원장을 역임했다. 현재 단국대학교 사범대학 한문교육과 교수로 재직 중이며, 대통령 직속 국가교육위원회 전문위원과 중국인문학회 부회장을 맡고 있다.

동양의 고전을 우리 시대의 보편적 언어로 섬세히 복원하는 작업에 매진하여, 고전 한문의 응축미를 담아내면서도 아름다운 우리말의 결을 살려 원전의 품격을 잃지 않는 번역으로 정평 나 있다.《교수신문》이 선정한 최고의 번역서인《사기 열전》을 비롯해《사기 본기》,《사기 표》,《사기 서》,《사기 세가》등 개인으로서는 세계 최초로《사기》전체를 완역했으며, 그 외에도 MBC 〈느낌표〉 선정도서인《삼국유사》를 비롯해《논어》,《맹자》,《대학 · 중용》,《노자 도덕경》,《장자》,《한비자》,《손자병법》,《명심보감》,《채근담》,《정관정요》,《정사 삼국지》(전 4권),《당시》,《송시》,《격몽요결》등 20여 권의 고전을 번역했다. 또한《고사성어 사전: 한마디의 인문학》(편저),《한문 해석 사전》(편저),《중국 문화사》,《중국 문학 이론의 세계》등의 저서를 출간했고 40여 편의 논문을 발표했다. 2011년 환경재단 '2011 세상을 밝게 만든 사람들'(학계 부문)에 선정되었다. 삼성사장단과 LG사장단 강연, SERICEO 강연 등 이 시대의 오피니언 리더들을 위한 대표적인 인문학 강연자로도 널리 알려져 있다.

명심보감 자기 성찰의 고전 (개정판)

1판 1쇄 발행일 2017년 9월 18일
1판 3쇄 발행일 2020년 5월 11일
개정판 1쇄 발행일 2020년 9월 14일
개정판 3쇄 발행일 2024년 1월 8일

지은이 범립본
옮긴이 김원중

발행인 김학원
발행처 (주)휴머니스트출판그룹
출판등록 제313-2007-000007호(2007년 1월 5일)
주소 (03991) 서울시 마포구 동교로23길 76(연남동)
전화 02-335-4422 **팩스** 02-334-3427
저자·독자 서비스 humanist@humanistbooks.com
홈페이지 www.humanistbooks.com
유튜브 youtube.com/user/humanistma **포스트** post.naver.com/hmcv
페이스북 facebook.com/hmcv2001 **인스타그램** @humanist_insta

편집주간 황서현 **편집** 박기효 **디자인** 김태형 **표지글씨·전각** 강병인
조판 홍영사 **용지** 화인페이퍼 **인쇄** 삼조인쇄 **제본** 경일제책

ISBN 979-11-6080-075-3 04140
ISBN 978-89-5862-322-9(세트)